Radikalisierung – De-Radikalisierung – Prävention

Reihe herausgegeben von

Michail Logvinov, Grüner Vogel e.V., Berlin, Deutschland

Marc Coester, Hochschule für Wirtschaft & Recht, Berlin, Deutschland

Stefan Goertz, Hochschule des Bundes, Lübeck, Deutschland

Bernd Wagner, EXIT-Deutschland, ZDK Gesellschaft Demokratische Kultur gGmbH, Berlin, Deutschland

Die mit den Begriffen „Radikalisierung", „De-Radikalisierung" und „Prävention" erfassten Phänomene sind in aller Munde und erfreuen sich einer verstärkten Aufmerksamkeit der Fachöffentlichkeit. Zugleich lässt sich aktuell eine stark zunehmende Fragmentierung der Publikationslandschaft beobachten. Als Folge kommunizieren die Wissenschaft (vor allem Sozial-, Politikwissenschaft und Kriminologie) und die pädagogische sowie Präventions-Praxis nicht selten aneinander vorbei, indem z. B. unterschiedliche Vereine, Vereinigungen und Verbände ihre eigenen Periodika bzw. Schriftenreihen herausbringen, die teils nach Berufszugehörigkeit rezipiert werden, oder Erkenntnisse der Wissenschaft oftmals nicht in der Praxis beachtet werden (und umgekehrt). Die Reihe richtet sich daher an die Autoren bzw. Autorinnen und Leser bzw. Leserinnen aus Wissenschaft und Praxis, die sich mit den ideologisch bzw. politisch induzierten Radikalisierungsprozessen sowie mit Ansätzen und Methoden der De-Radikalisierungs- sowie Präventionsarbeit befassen. Der Interdisziplinarität wird hierbei eine große Bedeutung beigemessen. Angedacht sind unterschiedliche Buchformate wie Einführungen, Lehrbücher, Monografien mit spezifischen Forschungsergebnissen und Nachschlagewerke. Eines der Ziele ist dabei, der ins Stocken geratenen angewandten Extremismus- und Terrorismusforschung in Deutschland durch Ressourcen- und Kompetenzbündelung sowie effiziente Vermarktung zu einer besseren Profilierung zu verhelfen. Konkret hat die Reihe zum Ziel, innovative und multiperspektivische Herangehensweisen an die relevanten Forschungsfragen zu präsentieren und einen interdisziplinären Rahmen für die Erforschung von Radikalisierung, De-Radikalisierung und Prävention zu schaffen. Das Herausgeberteam der Reihe setzt sich aus ausgewiesenen Experten mit interdisziplinären Zugängen zusammen, deren Arbeits- und Forschungsschwerpunkte insgesamt alle relevanten Phänomenbereiche abdecken.

Weitere Bände in der Reihe   http://www.springer.com/series/16219

Michail Logvinov

Ausstieg und Deradikalisierung

Erklärungsansätze – Befunde – Kritik

Michail Logvinov
Berlin, Deutschland

ISSN 2524-8065 ISSN 2524-8073 (electronic)
Radikalisierung – De-Radikalisierung – Prävention
ISBN 978-3-658-33901-2 ISBN 978-3-658-33902-9 (eBook)
https://doi.org/10.1007/978-3-658-33902-9

Die Deutsche Nationalbibliothek verzeichnet diese Publikation in der Deutschen Nationalbibliografie; detaillierte bibliografische Daten sind im Internet über http://dnb.d-nb.de abrufbar.

© Der/die Herausgeber bzw. der/die Autor(en), exklusiv lizenziert durch Springer Fachmedien Wiesbaden GmbH, ein Teil von Springer Nature 2021
Das Werk einschließlich aller seiner Teile ist urheberrechtlich geschützt. Jede Verwertung, die nicht ausdrücklich vom Urheberrechtsgesetz zugelassen ist, bedarf der vorherigen Zustimmung der Verlage. Das gilt insbesondere für Vervielfältigungen, Bearbeitungen, Übersetzungen, Mikroverfilmungen und die Einspeicherung und Verarbeitung in elektronischen Systemen.
Die Wiedergabe von allgemein beschreibenden Bezeichnungen, Marken, Unternehmensnamen etc. in diesem Werk bedeutet nicht, dass diese frei durch jedermann benutzt werden dürfen. Die Berechtigung zur Benutzung unterliegt, auch ohne gesonderten Hinweis hierzu, den Regeln des Markenrechts. Die Rechte des jeweiligen Zeicheninhabers sind zu beachten.
Der Verlag, die Autoren und die Herausgeber gehen davon aus, dass die Angaben und Informationen in diesem Werk zum Zeitpunkt der Veröffentlichung vollständig und korrekt sind. Weder der Verlag, noch die Autoren oder die Herausgeber übernehmen, ausdrücklich oder implizit, Gewähr für den Inhalt des Werkes, etwaige Fehler oder Äußerungen. Der Verlag bleibt im Hinblick auf geografische Zuordnungen und Gebietsbezeichnungen in veröffentlichten Karten und Institutionsadressen neutral.

Planung/Lektorat: Cori Antonia Mackrodt
Springer VS ist ein Imprint der eingetragenen Gesellschaft Springer Fachmedien Wiesbaden GmbH und ist ein Teil von Springer Nature.
Die Anschrift der Gesellschaft ist: Abraham-Lincoln-Str. 46, 65189 Wiesbaden, Germany

Geleitwort

Die aktuelle Situation nicht nur in Europa, sondern weltweit stellt uns vor zahlreiche Herausforderungen, wie die Corona-Pandemie, den Klimawandel, Diktaturen und Bürgerkriege, massive Menschenrechtsverletzungen, Hungersnöte und Armut. Gesellschaften driften auseinander, radikale Strömungen und Bewegungen bekommen immer mehr Zulauf und gefährden nicht nur das demokratische Miteinander vielerorts, sondern durch Gewalt und Terror auch viele Menschenleben.

Angeheizt durch Populisten oder sich berufend auf menschenverachtende Ideologien, fühlen sich auch in Deutschland nicht wenige berechtigt, der Mehrheit der Bevölkerung ihre Gesellschaftsvorstellungen aufzuzwingen, wenn nötig auch mit Gewalt.

Es stellt sich also die Frage, wie dem am besten zu begegnen ist. Hier sind Wissenschaft und Forschung gefordert, adäquate Antworten nicht nur auf der Makro- und Mesoebene zu liefern, sondern ganz speziell im Ausstiegs- und Deradikalisierungsbereich auch auf der Mikroebene. Welche individuelle psychische und soziale Prägung, welche Motivation und welche Rahmenbedingungen führen dazu, dass sich Menschen radikalen Strömungen und Bewegungen anschließen? Was sind Ursachen und was Push-und-Pull-Faktoren? Und lassen sich diese Erkenntnisse nutzen, um Menschen zu deradikalisieren mit dem Ziel, den Ausstieg aus der radikalen Gruppe und den Neueinstieg in das demokratische Gemeinwesen zu schaffen?

Die vorliegende Abhandlung untersucht und analysiert sehr aufschlussreich und stellenweise auch pointiert, was an Deradikalisierungsforschung in Deutschland, aber auch international hier herangezogen werden kann. Dabei unterscheidet der Autor zwischen der „Post 9/11-Forschung" und den Studien und Erkenntnissen, die zum Teil bereits vor 40 Jahren gemacht wurden. Es ist eine fast unübersichtliche Vielfalt von Ansätzen und Schwerpunktsetzungen, die dabei zutage tritt.

Und der Autor geht kritisch der Frage nach, welche Rolle die Fachpraxis bei der Generierung dieser Erkenntnisse überhaupt gespielt hat und aktuell spielt. Hier sieht er in Deutschland noch einen Nachholbedarf gegenüber dem angelsächsischen Raum. Denn die entscheidende Frage ist: Lassen sich die Forschungsergebnisse in der Praxis auch umsetzen, oder anders gesagt: Haben sie mit der realen Praxis überhaupt Berührung?

Als jemand, die seit Jahren in der Deradikalisierungspraxis arbeitet, kann ich seiner Forderung nach einem verbesserten Wissenschaft-Praxis-Dialog und -Austausch nur zustimmen. Was wir benötigen, sind nicht weitere Detail-Studien mit kleinen Untersuchungsgruppen, sondern eine Untersuchung komplexer Wirkzusammenhänge mit Blick auf Distanzierungs- und Ausstiegsprozesse aus verschiedenen extremistischen Formationen anhand ernstzunehmender Fallzahlen mit belastbaren Methoden.

Claudia Dantschke
Vorstand Grüner Vogel e. V., Berlin, Deutschland

Inhaltsverzeichnis

1 **Problemstellung** 1
2 **Neuer Wein in alten Schläuchen? Ein Blick zurück – „Analysen zum Terrorismus"** 5
3 **Ansätze und Befunde der Deradikalisierungsforschung** 11
   3.1 Individuelle und kollektive Deradikalisierung 11
   3.2 Abhängige Variable: Leaving, Decline, Defection, Disengagement, Desistance, Demobilisierung, Deradikalisierung – was nun? 15
   3.3 Forschungsansätze, (Phasen-)Modelle und Heuristiken 19
   3.4 Befunde über Kontexte und Faktoren von Ausstieg und Deradikalisierung 39
4 **Kriminologische Forschungen** 51
5 **Bilanz und Diskussion** 57
   5.1 Begriffe: Umfang und Inhalt 57
   5.2 Implikationen für die Fachpraxis 61
   5.3 Implikationen für weitere Forschungen 64
6 **Abschließende Bemerkungen** 69

Literatur 71

Abbildungsverzeichnis

Abb. 3.1 Einstellung-Verhalten-Schema des ABC-Modells 26
Abb. 3.2 Deradikalisierungs- und Disengagementspfade 28
Abb. 3.3 Pro-Integrationsmodell 35
Abb. 3.4 Ein Nicht-Radikalisierungsmodell 44

Tabellenverzeichnis

Tab. 3.1	Ausstiegsrelevante Faktoren anhand qualitativer Untersuchungen	42
Tab. 3.2	Rolle der Push-Faktoren für den intentionalen Ausstieg	47
Tab. 3.3	Rolle der Pull-Faktoren für den intentionalen Ausstieg	48
Tab. 4.1	Push- und Pull-Faktoren für Ausstiege aus einer Gang	56

Problemstellung 1

Die Erwartungen an die praxisorientierte Deradikalisierungsforschung waren und bleiben hoch.[1] Sollte es gelingen, die Frage nach Umständen, Ursachen und Hintergründen für die Distanzierungs- und Ausstiegsprozesse aus extremistischen Formationen zufriedenstellend zu beantworten, käme dies einer „Revolution" gleich (Dechesne 2011).[2] Allerdings lässt die kopernikanische Wende infolge einer wissenschaftlichen Revolution auch zwölf Jahre nach ihrer Ankündigung

---

[1] Diese Veröffentlichung stellt eine überarbeitete und erweiterte Fassung des im Sammelband „Schnitt:stellen: Erkenntnisse aus Forschung und Beratungspraxis im Phänomenbereich islamistischer Extremismus" erschienenen Beitrags des Verfassers dar (Logvinov 2021). Die Publikation wurde ermöglicht durch eine Förderung des Bundesamtes für Migration und Flüchtlinge aus Mitteln des Nationalen Präventionsprogramms gegen islamistischen Extremismus (NPP) der Bundesregierung. Die Veröffentlichung stellt keine Meinungsäußerung des Bundesamtes für Migration und Flüchtlinge (BAMF) oder des Bundesministeriums des Inneren, Bau und Heimat (BMI) dar. Für inhaltliche Aussagen trägt der Autor die Verantwortung.

[2] „Deradicalization is hot. In 2007, Time magazine reviewed what they considered the most revolutionary ideas of the 21st century. Reversing radicalism, deradicalization, figured prominently among them. The Time article marks quite a change from the initial response to the September 11th attacks in 2001 that involved a widespread call for an all out military campaign targeted at all those threatening freedom" (Dechesne 2011, S. 287).

auf sich warten.³ Wie noch zu zeigen sein wird, haben es die Deradikalisierungsstudien kaum vermocht, über jenen Kenntnisstand hinauszugelangen, der in den 1980/1990er Jahren durch Terrorismusanalysen und kriminologische Untersuchungen erarbeitet wurde. Neuere Forschungen sind in vielen Fällen deskriptiver Natur und beschreiben verschiedene nationale Programme, des Öfteren ohne empirische Zugänge und Erkenntnisse aus einschlägigen Programmevaluationen, oder diskutieren die Grundsatzfragen der Deradikalisierung, ohne methodische Impulse zu setzen (Hansen und Lid 2020).⁴

Der Innovationsgrad der Deradikalisierungsforschung bleibt gering – sowohl im Vergleich zu Radicalization Studies als auch vor dem Hintergrund der ersten wissenschaftlichen Erkenntnisse zum Thema (Bjørgo 2002; Bjørgo und Horgan 2009; Horgan 2009; Horgan und Braddock 2010; Rabasa et al. 2010). Gründe hierfür sind mannigfaltig. Einerseits besteht nach wie vor in vielerlei Hinsicht eine Kluft zwischen Wissenschaft, Fachpraxis und sicherheitsbehördlicher Analytik, sodass die Verteilung von Daten und Befunden recht ungleichmäßig ausfällt. Daraus resultieren Defizite bei der Formulierung und Prüfung von operationalisierbaren Hypothesen, was die Theoriebildung⁵ behindert. Andererseits wirkt sich negativ aus, dass die Deradikalisierungsforschung Kategorien bemüht, die

---

³Amanda Ripley (2008) wies in ihrem Beitrag „Reverse Radicalism" auf eine Reihe von Problemen der Deradikalisierung hin und schloss ihn wie folgt ab: „Such experiments can be expected to be messy. Of all the men he has interviewed, Horgan says, none are truly deradicalized. Disengagement is more realistic. Nasir still supports the creation of an Islamic state and says Muslims have a right to kill U.S. soldiers in Iraq. When he recalls turning in former comrades, he becomes visibly upset. 'I felt very sad. You will never be able to imagine how I felt.' His eyes look defeated. He asks TIME not to name the coffee shop. Then he leaves, returning to the netherworld between the masses and the margins." Trotz nicht ausreichender Forschungsbefunde gewann der Diskurs über Deradikalisierung als „eine der vielversprechendsten Innovationen für das neue Jahrtausend" an Fahrt (Köhler 2016, S. 426).
⁴Die Ergebnisse eines innovativ anmutenden Projekts DISLEX 3D von modus|zad liegen noch nicht vor (vgl. Baaken et al. 2020b).
⁵Die Studie von Kruglanski et al. (2020) wird hier nicht berücksichtigt. Denn das auf die Deradikalisierungsprozesse angewandte 3N-Modell (Needs, Narratives, Networks) resultierte nicht aus dezidierten Ausstiegs- und Deradikalisierungsforschungen. Vor diesem Hintergrund stellt sich die Frage nach dem Mehrwert des nach Autorenangaben angewandten Grounded Theory-Ansatzes, diente er doch nicht primär der praxisnahen Entwicklung von erklärenden Hypothesen. Zugleich steht außer Frage, dass jedes soziale Verhalten mit Bedürfnissen von Menschen, handlungsleitenden Theorien/Narrativen und Bezugsgruppen/Netzwerken zu tun hat. Das deskriptive Potenzial eines allgemein gehaltenen Modells ist freilich nicht mit seinem erklärenden Potenzial gleichzusetzen (vgl. Significance Quest Theory of Radicalization). Überdies bestehen Zweifel im Hinblick auf die empirische Basis der Untersuchung und die Dateninterpretation.

sich auf ein recht weites Feld bzw. verschiedene spezifische Ebenen sozialer Interaktionen anwenden lassen, ohne dabei hinreichend zu erklären, worin die Spezifika und Parallelen der jeweiligen Prozesse bestehen. So wird bspw. der Begriff der Deradikalisierung auf P/CVE[6]-Interventionen, DDR[7]- oder DDRR-[8] und DDP[9]-Interventionen angewandt (Schmid 2013; Grip und Kotajoki 2019). Dabei liegen jeder Interventionsart verschiedene Wirkmechanismen zugrunde, die ihrerseits aus unterschiedlichen Konstellationen und Schwerpunkten im Hinblick auf Akteure (bspw. Militär, Polizei, Nachrichtendienste, Zivilgesellschaft), Strategien (bspw. Militarisierung, Politisierung/Polizeiisierung, gesamtgesellschaftliche Ausrichtung) und Ablaufphase eines Konflikts (bspw. Eskalationsphase, Persistenzphase, Deeskalationsphase) resultieren (Lum 2006). Obwohl Bjørgo und Horgan (2009, S. 4) bereits in der frühen Phase der Deradikalisierungsstudien strukturelle Unterschiede der kollektiven und individuellen Loslösung vom Terrorismus betonten, konnten diese Unterschiede, aber auch vermutete Ähnlichkeiten noch nicht systematisch ausgearbeitet werden. All diese Dimensionen und möglichen Lösungsansätze für soziale Konfliktlagen mit einem Begriff und Verweis auf „individuelle" und „kollektive" Deradikalisierung bzw. Distanzierung fassen zu wollen, wird dem komplexen Gegenstand jedoch nicht gerecht (della Porta 2009; Bjørgo 2013; Sageman 2017).

Es liegen weitere Gründe vor, die die Erforschung der (individuellen) Distanzierungs- und Deradikalisierungsprozesse erschweren. So lassen sich besonders radikale Gewaltakteure schwerlich erforschen – entweder weil ihre Herauslösung durch den Tod erfolgt oder weil sie sich der wissenschaftlichen Exploration entziehen oder weil die Zugänge zu diesem Personenkreis kaum gegeben bzw. erschwert sind. Aus ähnlichen Gründen sind Vergleiche zwischen verschiedenen Gruppenrollen sowie zwischen Ausgestiegenen und in der Gruppe Verbliebenen rar. Daher basieren die bisherigen Studien oft auf Medienberichten über die Ausgestiegenen, ihren Autobiografien oder Interviews; in manchen Fällen handelt es sich jedoch um Fallstudien mit sehr geringen Fallzahlen, wobei Datentriangulationen in der Regel ausbleiben (Gadd 2006; Horgan et al. 2016; Pisoiu und Köhler 2013). Des Öfteren werden kaum weitere Differenzierungen mit Blick auf Ideologisierungsgrade, Gruppenbeschaffenheit sowie -rollen und Ausstiegsmodi vorgenommen (Altier et al. 2020). Im DDRR-Bereich konnten Grip und Kotajoki (2019) lediglich 21 relevante englischsprachige Studien identifizieren,

---

[6] P/CVE = Preventing/Countering Violent Extremism.
[7] DDR = Disarmament, Demobilization & Reintegration.
[8] DDRR = Deradicalization, Disengagement, Rehabilitation & Reintegration.
[9] DDP = Desistance/Deradicalization & Disengagement Programme.

die mit „wissenschaftlichen Methoden" umgesetzt wurden (vgl. Stephens et al. 2021). Hierbei handelt es sich jedoch um ein Forschungsfeld mit den meisten bekannten Fällen („conflict-affected contexts").

Vor diesem Hintergrund strebt die vorliegende Abhandlung eine kritische Bestandsaufnahme der Ansätze der Deradikalisierungsforschung, deren Befunde und praktischer Implikationen mit dem Ziel an, mögliche Verbesserungspotenziale auszumachen. Im nachfolgenden Exkurs wird ein knapp 40 Jahre zurückliegendes Forschungsprojekt vorgestellt, auf dessen Folie anschließend die zeitgenössischen Deradikalisierungsstudien im Hinblick auf ihren kategorialen Apparat, Heuristiken und Befunde reflektiert werden – unter Heranziehung kriminologischer Erkenntnisse. Darauffolgend wird der Versuch unternommen, Implikationen für weitere Forschungen zu formulieren.

Neuer Wein in alten Schläuchen? Ein Blick zurück – „Analysen zum Terrorismus" 2

Auch wenn die Geburtsstunde der Deradikalisierungsforschung in der neuesten Geschichte der „Radikalisierungsbekämpfung" verortet wird, widmete sich eines der größten westdeutschen Forschungsprojekte mit dem Titel „Analysen zum Terrorismus" bereits in den 1970/1980er Jahren Ausstiegsprozessen aus dem Terrorismus. Seine zu Unrecht in Vergessenheit geratenen Untersuchungsanlage und Befunde bleiben nach wie vor in höchstem Maß interessant und relevant, weshalb nachfolgend die vom BMI in Auftrag gegebenen Analysen zu Gruppenprozessen und Terroristenkarrieren rekapituliert werden (Jäger et al. 1981).

Der ausstiegsbezogenen Teilstudie lag eine naheliegende Hypothese zugrunde, der zufolge Ausstieg als Ergebnis von Interaktionen zwischen der Gruppe und deren Mitgliedern aufzufassen ist, die durch Werte- und Handlungsmuster, die Persönlichkeitsstruktur und die Motivation sowie den situativen Kontext strukturiert sind. Im Sinne des sozialen Interaktionismus sei es nicht möglich, den Ausstiegsprozess aus rein motivationalen Anteilen heraus zu erklären, lautete das Argument. „Das bedeutet, dass die Motive, die sich jeweilig mit der Zugehörigkeit zur terroristischen Gruppe verbinden, zumeist erst in Verbindung mit anderen Faktoren in Richtung ‚Ausstieg' relevant werden" (de Ahna 1982, S. 481). Dabei sei die situative Kontextwirkung am stärksten und unmittelbarsten; sie resultiere sowohl aus der Gruppe, zu der die Zugehörigkeit besteht, als auch aus der Umgebung, auf die hin der Ausstieg erfolge. Im Rahmen des Projekts wurde eine Heuristik entwickelt, die in der zeitgenössischen Deradikalisierungsforschung als „Pull-/Push"-Ansatz bekannt ist:

> „Von diesen Voraussetzungen ausgehend, entwickelt sich der Ausstieg aus dem Zusammenwirken von Kräften, die einerseits von der Gruppe abstoßen und andererseits

aus der Richtung einer alternativen Zugehörigkeit anziehend erscheinen. Es bedarf dabei zumeist besonderer Ereignisse, die entweder die Zugkraft auf der einen Seite beträchtlich verstärken bzw. auf der anderen reduzieren oder zumindest eine Entscheidungssituation schaffen, damit der Ausstieg tatsächlich vollzogen wird" (de Ahna 1982, S. 481).

Der Ausstieg[1] wurde in „Analysen zum Terrorismus" als Abschlussphase eines Prozesses definiert, der die Stationen „Einstieg" und „Mitgliedschaft" mit ihren jeweiligen *ausstiegsbegünstigenden, ausstiegsfördernden* und *ausstiegshemmenden* Bedingungen umfasst. Innovativ im Hinblick auf die allgemein ausstiegsbegünstigenden motivationalen Anteile war und bleibt die These, dass sie bereits in der Phase des Einstiegs vorhanden sind, mögliche Voraussetzungen für das Aussteigen anlegen und „in Verbindung mit Variablen aus der Mitgliedschaftszeit ihre Wirkung entfalten können" (de Ahna 1982, S. 488). Die letzteren, ausstiegsfördernden und -hemmenden Bedingungen ergeben sich unter anderem aus der Qualität der Bindung an die Gruppe und aus Mitgliedschaftserfahrungen.

Als *ausstiegsbegünstigende Bedingung* aus der Einstiegsphase galt bspw. die Motivation, sich für politische Inhalte einsetzen zu wollen. Aus dieser Erwartungshaltung resultierten die Gefahr von Überfrachtung und Desillusionierung sowie die leichtere Falsifizierbarkeit von ausufernden Radikalisierungsdynamiken. „Andere erkannten später, wie inadäquat die Mittel waren und wie falsch die Möglichkeit, Veränderungen zu erreichen, eingeschätzt wurden" (de Ahna 1982, S. 489). Eine Biographie-Analyse linker Terroristen in Westdeutschland ergab, dass am häufigsten die Mittel des terroristischen Kampfes abgelehnt wurden; die Ablehnung der Mittel und der Ziele kam an zweiter Stelle, „während die alleinige Ablehnung der Ziele eher selten" war (Schmidtchen 1981, S. 57).

Eine weitere ausstiegsbegünstigende Konstellation ergab sich aus der Tatsache, dass viele Ausgestiegene nicht durch eine selbstverantwortliche Entscheidung, sondern durch ein „Hineinrutschen" Mitglieder terroristischer Organisationen wurden. Diese Ausgangsbedingung kann daher „die Ablösung in dem Moment erleichtern, wo sich, ebenso von außen veranlasst, die Gelegenheit dazu bietet" (de Ahna 1982, S. 490). Ähnlich verhielt es sich, wenn Loyalitäten und/oder Liebesbeziehungen einstiegsfördernd waren.

---

[1] „Nicht jeder, der ‚mal' einer terroristischen Gruppe nahestand oder an einer Aktion teilnahm und sich dann distanzierte, ist ein Aussteiger. Durch die Verwendung des Begriffs wird ausdrücklich darauf hingewiesen, dass jemand eingestiegen und Mitglied war. Es ist demnach erforderlich zu recherchieren, ob diese Voraussetzungen gegeben sind" (de Ahna 1982, S. 478).

Im *ausstiegsfördernden Kontext* spielte eine Reihe von Faktoren eine Rolle: die *Gruppenstruktur* als Rahmenbedingung für die Verfolgung von Bedürfnissen und die *Gruppenrolle,* die die Position in der Gruppe, die subjektiven Erwartungen und das tatsächliche Interaktionsgefüge sowie die Investitionsbereitschaft der Mitglieder determinierte. „Art und Umfang der ‚Aufwände' werden zum Teil durch die Rolle bestimmt. […] Die ‚Erträge' aus der Gruppe regulieren das Verhalten des Mitglieds und nehmen Einfluss auf seinen Verbleib […]" (de Ahna 1982, S. 491; vgl. Altier et al. 2020).

Die Lern-, Gewöhnungs- und Anpassungsprozesse gestalteten sich bei zentralisierten und/oder klandestinen Gruppen anders als bei dezentralen Strukturen: Einerseits unterschieden sich das Ausmaß des Gruppendrucks, verbleiben zu müssen, andererseits war das Interaktionsgefüge mit der Außenwelt von entscheidender Bedeutung. Schmidtchen (1981, S. 57, 61) zufolge hatten die Ausgestiegenen mehr Einflusspersonen in ihrem Umfeld und ein breiteres Interessenspektrum, wobei das Kommunikationsgeschehen zentral war:

> „Der Frage der Legitimität und der Sinnhaftigkeit des Handelns kommt eine zentrale Bedeutung bei dem Entschluss zu, die Terrorszene zu verlassen. Die Umkehrer verspüren ein Legitimationsdefizit. Sie standen in einem komplexeren Kommunikationsfeld, das eine bruchlose Eingliederung verhinderte".

Zugleich förderten der steigende Gruppendruck und Gruppenkonflikte die Ablösungsprozesse. Das unterentwickelte soziale System terroristischer Gruppen kann somit einen Ziel-, Mittel- und/oder Rollenkonflikt bei Aussteigern oder aber auch eine Depersonalisierung als einen „Ausstieg aus dem Ich-System" bei „Drinbleibern" fördern. Das Kosten-Nutzen-Kalkül und die Gratifikationen einer Gruppenzugehörigkeit scheinen in diesem Zusammenhang entscheidend und in hohem Maße abhängig vom sozialen Kapital zu sein.

Mit Blick auf die Gruppenrollen ergab die Untersuchung einen Befund, dem zufolge vor allem die besser gebildeten und qualifizierten „Experten" – im Gegensatz zur ideologisierten Leitungs- und reinen Ausführungsebene – den Ausstieg vollzogen. Zum einen hatte dies mit eher geringer Wertschätzung zu tun (de Ahna 1982, S. 493; vgl. Altier et al. 2020). Zum anderen ließ sich eine fördernde Konstellation beobachten: „Wenn relativ geringe Identifikation mit hohen persönlichen Ressourcen zusammenkommt […], dann kann die Entscheidung, nicht mehr mitzumachen, begünstigt werden, weil sich der Betroffene Optionen im Falle des Nicht-Weitermachens lebhaft und positiv vorstellen kann" (Schmidtchen 1981, S. 57).

Als *aussiegshemmende Bedingungen* – aktive Maßnahmen und „Nebenprodukte" der Gruppendynamiken – konnten die auf gemeinsamen Grenzerfahrungen fußenden Loyalitäten, der emotionale Gruppendruck sowie die hohe Moralisierung des Zugehörigkeitsgefühls inkl. Schuldgefühle, die empfundene Aussichtslosigkeit, aber auch Inhaftierungsängste, Erwartungen an das Strafverfahren im Sinne der prozeduralen Gerechtigkeit und das Misstrauen gegenüber der Resozialisierungsbereitschaft der Mehrheitsgesellschaft identifiziert werden. Dabei entschied die Dauer der Mitgliedschaft maßgeblich über die Einbindung in die und die Ablösung von den terroristischen Gruppen (de Ahna 1982: 509 ff.).

Auslösende Bedingungen als Ereignisse, die außerhalb der Person liegen, aktivieren im Zusammenhang mit der Bedeutung vorausgegangener Erfahrungen jenen Teilprozess, der zum Ausstieg führen kann. Mit Blick auf die untersuchten Terroristen erwiesen sich der Schock und die Ernüchterung durch Festnahmen als stärkster Auslöser, der eine (neue) Entscheidungssituation herbeiführte. Die „Einkehr" kann infolgedessen eine Selbstreflexion und „sowohl Abkehr wie auch Radikalisierung" fördern. Auch die plötzliche drohende Festnahme kann je nach Gruppenbeschaffenheit entweder zusammenschweißen oder zum Ausstieg führen. Das Überschreiten von (Toleranz-)Grenzen des Vertretbaren und Schockeffekte durch die Verletzung von Hemmschwellen etwa bei der Gewaltanwendung galten ebenfalls als Ausstiegstrigger. „Unzufriedenheit in der Gruppe, mit ihren Mitteln und Zielen oder persönliches Unbehagen mit der Situation überhaupt können bei konsequenter Berücksichtigung in einen ‚Ausstieg aus Überzeugung' einmünden" (de Ahna 1982, S. 519). Umso leichter fiel der Entschluss, eine Gruppe zu verlassen, wenn Gemeinsamkeiten mit einem anderen Mitglied bestanden. Im Untergrund waren es vor allem die von der Gruppe ausgehenden Angriffe und die Einsicht in das Ausmaß des Tuns, die die „innere" Ablösung förderten.

Abschließend sei auf einige relevante Überlegungen hingewiesen, die in der zeitgenössischen Radikalisierungsbekämpfung eher selten diskutiert werden. Zum einen hat der simple Gedanke, dass nur wenige die Gruppe verlassen, ohne von außen dazu angestoßen zu werden, weitreichende Konsequenzen für die Distanzierungs- und Deradikalisierungsarbeit – einerseits im Hinblick auf die Qualität und Intensität der Interventionen sowie die Zusammensetzung des jeweils einzusetzenden Gegenmittels und andererseits mit Blick auf die Erwartungshaltung der Mehrheitsgesellschaft. Denn zum einen bedeutet die Distanzierung bzw. die Abkehr vom Terrorismus nicht zwingend, dass das zugrunde liegende ideologische System abrupt aufgegeben worden ist:

> „Im Gegenteil, die Aufrechterhaltung der persönlichen und politischen Identität ist eine der wesentlichen Voraussetzungen in der Abkehr von den strategisch-methodischen

Überlegungen des Terrorismus. [...] Der Austritt aus der Organisation kann dann erfolgen, wenn Brücken gebaut werden, und wenn sich die Abkehr als bessere Verhaltensoption darbietet. Brücken bestehen in der Regel aus Konzepten, die auf akzeptable Weise erklärbar machen, dass der Weg in den Terrorismus und der Weg wieder heraus mit übergeordneten Prinzipien zu tun hat. Dies ist notwendig, weil der Akteur sonst seine Identität verlieren würde" (Schmidtchen 1981, S. 56).

Dies hat zur Folge, dass in unterschiedlichen Ausstiegskontexten verschiedene Instrumente zum Einsatz kommen müssen. Zum anderen sei vor einer überzogenen Erwartungshaltung hinsichtlich der „Resozialisierungsbemühungen" der ehemaligen Terroristen gewarnt, zumindest von jenem Teil, der aus gesellschaftlichen Minderheiten kam und höchstwahrscheinlich dorthin zurückkehrt:

> „Es wäre also falsch, von einem Aussteiger als Beweis seiner Echtheit zu erwarten, dass er ‚geheilt', ‚gewandelt' oder ‚geläutert' als Systemkonformer in den Schoß der Gesellschaft eingeht. Die *besondere Problematik der Resozialisierung ehemaliger Terroristen liegt vor allem darin, zu akzeptieren, dass die Eingliederung nicht Integration in die ‚breite Masse' bedeuten muss*" (de Ahna 1982, S. 519).

Die „Bringschuld" der Mehrheitsgesellschaft wird es in diesem Zusammenhang sein, den ehemaligen Terroristen/Extremisten aus der jeweiligen delinquenten Rolle zu entlassen.

Zusammengefasst: Das beschriebene Forschungsprojekt entwickelte und prüfte einige Hypothesen für eine klar umrissene abhängige Variable: „Ausstieg wurde dann als gegeben angenommen, wenn jemand, dessen Teilnahme zuvor im Sinne einer Mitgliedschaft[2] festgestellt worden war, nicht mehr mitmachte, unabhängig vom Grad der Distanzierung und ihrer Verbalisierung" (de Ahna 1982, S. 479). Es lag ihre operationalisierbare Definition inkl. Hypothesen über das Zusammenwirken verschiedener Ablaufphasen (Einstieg, Mitgliedschaft, Ausstieg) und Prozesscharakteristika (kontextabhängige Offenheit) vor. Benannt wurden überdies Untersuchungsebenen (Individuum, Gruppe, Kontext), erklärende Variablen und umweltbezogene, kognitive sowie relationale Mechanismen. Im Rahmen des Projekts entstand somit eine Heuristik (Push/Pull/Trigger-Faktoren) inkl. Gewichtung der jeweiligen Faktorengruppen (endogen, exogen).[3]

---

[2]Einstieg als Entschluss bzw. Willenserklärung, an kriminellen Tätigkeiten teilzunehmen; Mitgliedschaft als Aktivsein inkl. Kenntnis von der kriminellen Zielsetzung und Tätigkeit sowie des Umfangs der Zielsetzung (de Ahna 1982, S. 478).

[3]Vgl. die zitierte Studie mit der Abhandlung von Moghadam (2012).

Ansätze und Befunde der Deradikalisierungsforschung 3

3.1 Individuelle und kollektive Deradikalisierung

Zunächst sei angemerkt, dass das weit verbreitete, rein deskriptive Zueinander-Inbezugsetzen der individuellen und kollektiven Deradikalisierung unter der übergeordneten Fragestellung „How terrorism ends?" ohne theoretische Reflexion von Wechselwirkungen zwischen den Makro-, Meso- und Mikrokontexten kaum weiterführend ist (della Porta 2013). Dies hängt damit zusammen, dass der Deradikalisierung von gegenkulturellen Bewegungen und der individuellen Loslösung von radikalisierten Subkulturen der Gewalt teils unterschiedliche Kontexte und Mechanismen zugrunde liegen. Während für die Kampagnendemobilisierung und Gewaltdeeskalation der Makro-Kontext (Bewegung, Gegenbewegung und Staat) entscheidend ist, tritt diese Dimension mit Blick auf die individuelle Loslösung von extremistischen/terroristischen Gruppierungen hinter die Gruppe als Realität sui generis zurück. Jener Makrokontext, der für die Deradikalisierung von Protestbewegungen primär erscheint, stellt in Bezug auf Gruppenprozesse eine intervenierende (Kontext-)Variable dar. Überdies: Wo sind strukturelle Ähnlichkeiten zwischen einer extern oder intern ausgelösten Auflösung, „Implosion" sowie Transition und einem willentlichen Ausstieg aus aktiven Gruppierungen zu vermuten?

Als eine der Mitbegründerinnen des interaktionistischen Ansatzes kritisierte die Kriminologin Karstend-Henke (1980, S. 169) das in vielerlei Hinsicht überstrapazierte „pathologisierende" Schema der Radikalisierungsforschung, „schlechte Ereignisse mit schlechten Ursachen" zu erklären, und kam zu dem zugespitzt formulierten Schluss: „Die bisherigen Bemühungen zur Erklärung des

Terrorismus [...] sind ebenso vielfältig wie fruchtlos". Stattdessen betonte sie die Notwendigkeit, Radikalisierung und Deradikalisierung von sozialen Bewegungen als einen Prozess von Reiz und Reaktion in einem politischen Konflikt zwischen einer Protestgruppe und dem politischen System zu betrachten. Dieser Vorschlag wurde etwa von della Porta (1995) in der Untersuchung „Social Movements, Political Violence, and the State" und später von Sageman (2017) aufgegriffen.

In einer zusammenfassenden Aktualisierung ihrer Forschungsbefunde entwickelte della Porta (2013) einen Ansatz, der auf Mechanismen politischer Radikalisierung – verstanden als eine abstrahierte und handlungsorientierte Erklärung des Zusammenhangs zwischen auslösenden Ereignissen (Triggern) und dem zu interpretierenden Output – abhebt. Im Gegensatz zum makro- und mikrosozialen ursächlichen Verständnis der Mechanismen betonte die Wissenschaftlerin jene Rolle der Interaktionen, die die strukturellen und Umweltfaktoren präfigurieren: „Mechanisms are chains of interaction that filter structural conditions and produce effects. [...] I understand mechanisms as a concatenation of generative events linking macro causes (such a contextual transformation) to aggregated effects (cycles of protest) through individual and/or organizational agents" (della Porta 2013, S. 24).

Auf dem Weg zu einem Netzwerk von Gewaltakteuren identifizierte die Bewegungsforscherin mehrere solche Mechanismen, die in unterschiedlichen Phasen griffen:

1. Gründungsphase:

1. Die *eskalative Politisierung* infolge der „reziproken Diffusion", wenn Aktivisten unterschiedlicher Bewegungen und die Polizei ihre Taktiken aufeinander abstimmten und die Wahrnehmung der staatlichen Überreaktionen zur Herausbildung militanter Netzwerke beitrug. Die allgemeine Schlussfolgerung lautete: Je härter die polizeilichen Strategien, desto geringer die Wahrscheinlichkeit, die Radikalisierungsprozesse zu stoppen. Denn 1) die Moderaten zogen sich in der Regel zurück und überließen den Protestraum radikalen Flügeln, wobei 2) die undifferenzierten Repressionsmaßnahmen zur Radikalisierung der Moderaten führten, da sie verstärkt die Erfahrung der Ungerechtigkeit produzierten (della Porta 2013, S. 67).
2. Die *kompetitive Eskalation* resultierte aus einem Wettbewerb zwischen verschiedenen Bewegungsfamilien und dem taktischen Überbietungswettbewerb, sodass Gewalt am Ende einen organisierten und ritualisierten Charakter bekam. Je nach *Protestzyklus* fand somit die Radikalisierung der Protesttaktiken statt

3.1 Individuelle und kollektive Deradikalisierung

– von den zufälligen und defensiven zu den organisierten und ritualisierten Gewaltformen.
3. Simultan erfolgte die *Aktivierung militanter Netzwerke*. Als Folge der Eskalationen radikalisierten sich Jugendliche und junge Erwachsene in Familien, Schulen und Kirchen der unterdrückten Gemeinschaften und bildeten jene Basis, aus der die erste Generation von Aktivisten in die militanten Netzwerke rekrutiert wurde. Hier betonte die Forscherin Bindungen an Familien, Verwandte und politische Kameraden als den wichtigsten Rekrutierungsfaktor, wobei die Zugehörigkeit oder Verbindungen zu den radikalen „Relais-Milieus" die Wahrscheinlichkeit der Rekrutierung erhöhten (della Porta 2013, S. 143 f.). Im Gegensatz zu der ersten Generation ging die zweite Generation aus den bereits radikalisierten Milieus hervor.

2. Persistenz-Phase:

1. Die *organisationale Abschottung* bewirkte, dass terroristische Gruppen weniger offen für ihre Sympathisanten wurden und militante Zellen mehr Autonomie gewannen, auch wenn Netzwerke vertikale Hierarchien herausbildeten.
2. Die *Kampagnenmilitarisierung* kennzeichnete den Übergang von der politischen zur überwiegend militärischen Handlungslogik. Die Isolation von der eigenen Gemeinschaft, die Konzentration auf den Kampf und die steigende interne Repression bewirkten indes, dass auch die frühen Rekrutierungsmilieus bzw. Mitglieder, die nun als Verräter galten, angegriffen werden konnten. Zugleich blieb die Gewaltanwendung gegen „Unschuldige" nicht kritiklos. Die Vertreter des „repressiven Apparats" (Polizei, Militär u. a.) waren in dieser Phase die Hauptziele der klandestinen Gewalt. Die vorwärtsstreibende Wirkung der Ideologie war gering. Eher diente sie zur Rechtfertigung der Gewaltanwendung als Zeichen der
3. *ideologischen Abkapselung,* die dazu führte, dass die Ideologie der Militanten weniger mit jener der Bewegung übereinstimmte. Infolge dieser Entwicklung sahen sich die Gewaltakteure mehr als Avantgarde, die heroische Elite, im Kampf für die duldsame Gemeinschaft oder sogar als angegriffene Märtyrer. Moralistische, mit dem religiösen Mystizismus garnierte Diskurse für den Eigengebrauch waren die Folge. Die Ideologie und die kryptische Sprache wurden somit sukzessive selbstreferentiell (della Porta 2013, S. 233 f.). Die ideologische Rechtfertigung folgte der nur teilweise strategisch einkalkulierten Radikalisierung, die ihrerseits weniger aus der früheren Ideologie als aus der Repression und dem Wettbewerb resultierte.

4. Die *militärische "Einzäunung"* der totalistischen Gruppen hatte zur Folge, dass der psychische Druck auf ihre Mitglieder, Kontakte nach außen einzustellen und nach innen zu intensivieren und die Normen der eigenen Subkultur zu befolgen, weiterhin anstieg. Je höher der Isolationsgrad, desto fester war die Überzeugung, Bestandteil einer imaginierten „heroischen Gemeinschaft" der Kämpfer zu sein. Die Gruppenisolation bewirkte das Zustandekommen eines selbstreferentiellen kognitiven Systems, in dem die Gruppensolidarität die politischen Ziele ersetzte, der Feind verabsolutiert und die „Gegengewalt" als das einzige mögliche Mittel verklärt wurde. Es führte überdies zur verzerrten Wahrnehmung der Außenwelt, die die Gewaltanwendung begünstigte (della Porta 2013, S. 260 ff., 291).

3. In der Exit-Phase wirken die im Vergleich zur Gründungsphase umgekehrten Mechanismen:

1. die deeskalierende Politik bzw. politische Deeskalation,
2. die Mäßigung des Protestrepertoires,
3. die Deaktivierung militanter Netzwerke,
4. der organisationale Niedergang und
5. individuelle Deradikalisierung.

Vor diesem Hintergrund sei die Bedeutung des Makrokontextes sowie der Eskalationsdynamiken und der mesostrukturellen Rahmenbedingungen, an die sich extremistische/terroristische Formationen anpassen („Input") und Gruppendynamiken („Output") generieren, betont. Auch wenn die individuelle Deradikalisierung am Ende der Kampagnendemobilisierung stattfinden kann, sind die Faktoren für kollektive Demobilisierung – in erster Linie die Effektivität der Repression bzw. Terrorismusbekämpfung gegenüber radikalen Subgruppen im Zusammenhang mit Alternativen für moderatere Akteure – im Vergleich zur individuellen Loslösung teils anders gelagert (Bjørgo und Horgan 2009; Cronin 2009; della Porta 1995; Ferguson et al. 2015; Sageman 2017). Aus diesem Grund wird hier die kollektive Deradikalisierung nicht weiter behandelt.

3.2 Abhängige Variable: Leaving, Decline, Defection, Disengagement, Desistance, Demobilisierung, Deradikalisierung – was nun?

Bereits ein oberflächlicher Blick legt einige konzeptionelle Unklarheiten im Hinblick auf die Frage offen, was Deradikalisierung bedeutet. Die erste Umschreibung des Forschungsgegenstandes – „Leaving terrorism behind" (Horgan 2003) – deutete darauf hin, dass vor allem die Ausstiegsprozesse aus extremistischen/terroristischen Formationen im Vordergrund stehen sollen. Später wurde der Begriff „Leaving" durch „Disengagement" ersetzt, da Disengagement nicht zwangsläufig Leaving, sondern viel öfter einen Wandel der Rolle oder Funktion, einhergehend mit der Gewaltreduktion, bedeute (Horgan 2009, S. 151 f.). Deradikalisierung sei demgegenüber ein Prozess, der zu einer Reduktion der Radikalisierung in die Gewalt in jenem Ausmaß führe, in dem das Aktivismusrisiko verringert werde (Horgan 2009, S. 151). Neumann (2013, S. 8) sprach im Zusammenhang mit dem „Unterlassen extremistischer Handlungen, speziell der Gewalt und des bewaffneten Kampfs" von Demobilisierung.

Rabasa et al. (2010, S. xiii) bezeichneten jene Verhaltensänderung, die in der Distanzierung von Gewalt und im Ausstieg aus radikalen Organisationen mündet, als Disengagement. Deradikalisierung sei demgegenüber ein Prozess, der zur Veränderung der Überzeugungssysteme führe, wobei vor allem die Herauslösung aus der Gruppe das Ziel sein solle (vgl. Schmid 2013). Noricks (2009, S. 303) unterschied zwischen zwei Deradikalisierungsdimensionen – Verhalten und Ideologie.

Laut Altier et al. (2014, S. 648) stellt Disengagement einen dynamischen Prozess dar, der in einem Übergang zu einer neuen Rolle (und Identität) *außerhalb* der Organisation führt. Horgan (2009, S. 151) zufolge handelt es sich eher um einen Rollenwechsel *innerhalb* der Gruppe. Nach Barrelle (2015, S. 134) stellt Disengagement hingegen einen Übergangsprozess vom Outsider-Sein zur gesellschaftlichen Zugehörigkeit (Pro-Integration) dar.[1] Dean (2014) betonte in

---

[1] „This transition is predicated on change across five areas of an individual's life that correspond to the emergent themes. In one form or another, these themes have been noted in other research but the limited, disparate and dispersed nature of the literature has made it difficult to make sense of it all. The findings support the idea that disengagement is not linear. Instead, it involves an interconnected process of change across five key areas of a person's life, and in many cases development within these areas occurs naturally over a period of years. Former extremists who report feeling the most connected in mainstream society are those who have

diesem Zusammenhang den Mehrwert der Kategorien „De-identification" und „Dis-identification".[2]

Bubolz und Simi (2015, S. 1592) bestimmten den Begriff des Disengagements in Anlehnung an die Exit-Theorie von Helen Ebaugh (1988) als Abkehr von normativen Erwartungen und Verpflichtungen aus einem radikalen Rollenmodell (auch als Rollenwechsel innerhalb der Gruppe). Das Verlassen einer Gruppe – ohne Distanzierung von gruppenbezogenen Überzeugungen und Werten – fassten sie unter den Begriff „Defection"[3], während der Wandel auf der Überzeugungsebene „Deradikalisierung" genannt wurde.

Das National Consortium for the Study of Terrorism and Responses to Terrorism (Jensen et al. 2019, S. 1) verwendet für diese Teilprozesse die Begriffe „Disengagement" (Herauslösung aus extremistischen Formationen), „Desistance" (Abstandnehmen von jeglichen kriminellen Aktivitäten) und „Deradicalization" (Wandel auf Überzeugungsebene).

Kruglanski et al. (2014, S. 84, 87 f.) sprachen im Kontext der Fachpraxis von expliziter (ideologischer) sowie impliziter (affektiver) Deradikalisierung und definierten den Begriff als einen Prozess, bei dem

1. frühere Bedenken bzw. Zweifel wiederhergestellt und/oder
2. das Bekenntnis zu ideologischen Zielen oder empfohlenen Mitteln der Zielerreichung (Gewalt/Terrorismus) reduziert wird.

Die Definition von Kruglanski et al. (2014, S. 84) hebt auf die Pluralisierung der Ziele und Mittel der Zielerreichung im Rahmen des *Counterfinality model of radicalism* (CFMR) ab: „[…] radicalization reflects (1) a high-level commitment to

---

made significant changes in each of the five domains: 'Social Relations', 'Coping', 'Identity', 'Ideology' and 'Action Orientation'. These five themes relevant to sustained integration comprise the five domains of PIM (Pro-Integration Model)" (Barrelle 2015, S. 134).

[2] „[T]he notion of disengagement is helpful for understanding why individuals may no longer offend […]. However equally helpful concepts from experience are the processes of de-identification – where individuals choose to change or end their identification or affinity with a group, cause or ideology – and dis-identification where they come to define themselves in opposition to a group, cause or ideology of which they once identified" (Dean 2014, S. 97).

[3] „There are three primary means of defection: (a) expulsion, where individuals are forced to leave the group at the demand of other members or leaders; (b) extraction, where an outsider forces an individual to leave, sometimes through the use of kidnapping and deprogramming; and (c) voluntary exit, where individuals leave as a result of their own decision […]. Although the application of this term has traditionally been used in a religious context, usage has been expanded to include exit from other groups such as political extremists […]" (Bubolz und Simi 2015, S. 1592).

3.2 Abhängige Variable: Leaving, Decline, Defection, Disengagement ...

the ideologically suggested goal [...] and to violence as a means to its attainment, coupled with (2) a reduced commitment to alternative goals and values". Bjørgo (2013, S. 230) erfasste die Aufgabe terroristischer Aktivitäten von Personen und Gruppen mit den Begriffen „Disengagement", „Desistance" oder „Exit" und betonte zugleich die Notwendigkeit, zwischen Disengagement und Deradikalisierung zu unterscheiden.[4]

Es herrscht zugleich keine Einigkeit über den Inhalt des Begriffs „Deradikalisierung". Denn einerseits wird im Rahmen eines engeren Verständnisses eine Transformation der Ideologie bzw. des Mindsets, der Sympathien und Einstellungen betont. Andererseits setzt das weite Verständnis einen Wandel von Einstellungen zur Legitimität politisch/ideologisch/religiös motivierter Gewalt voraus (Clubb 2015). Nach El-Said (2015, S. 10) kann Deradikalisierung eine kognitive Transformation, die Ablehnung der Gewalt ohne kognitive Veränderung (Disengagement) oder sogar beides bedeuten. Somit arbeitet die Deradikalisierungsforschung mit ziemlich unscharfen Begriffen.

Im Blick auf das Verständnis der Loslösung als Rollenwechsel innerhalb der Gruppe stellt sich etwa die Frage, wo ein Schwellenwert für Disengagement liegen soll: vom Bombenbauer zum Ausbilder, vom Waffenbeschaffer zum Geldwäscher, vom Logistiker zum „administrativen" Personal, vom Schläger zum Ausspäher der „Feinde"? Ein interner Rollenwechsel bringt nicht notwendigerweise eine Distanzierung oder Mitmachverweigerung mit sich. So stellten Altier et al. (2019, S. 17) anhand ihrer Forschungsbefunde die Hypothese auf, dass ideologisierte ältere Terroristen eher in die operativen bzw. weniger gewalttätigen Rollen in der Gruppe oder im Netzwerk wechseln, statt sich abzuwenden. Eine Definition deutscher Sicherheitsbehörden, die den Deradikalisierungsprozess in drei Stufen gliederte, erscheint vor diesem Hintergrund präziser (vgl. Ceylan und Kiefer 2013, S. 163):

1. eigener Gewaltverzicht,
2. eigener Gewaltverzicht sowie Unterlassen von Unterstützungshandlungen für extremistische Bestrebungen,
3. eigener Gewaltverzicht, Unterlassen von Unterstützungshandlungen sowie Akzeptanz der herrschenden Rechtsnormen.

---

[4] „One important conceptual distinction that should also influence policy development is the difference between the terms *deradicalisation* and *disengagement*. Deradicalisation should be seen as mainly as a change in values and ideas away from embracing radical and/or violent ideologies and policies. Disengagement is a change in behaviour by discontinuing or breaking off participation in violent groups or engagement in political violence. Values and ideas may or may not change when individuals disengage [...]" (Bjørgo 2013, S. 234).

Das Disengagement im Sinne eines Übergangs zu einer neuen Rolle und Identität außerhalb der Gruppe hat mit einem affektiv-kognitiven Deradikalisierungsprozess zu tun, in dem die radikale Selbstkategorisierung/Identität abgelegt wird (Richards 2017). Das Verständnis der Deradikalisierung als Entschärfung des Gewaltaktivismus scheint demgegenüber die Ebene der radikalen Ideologien nicht deutlich genug hervorzuheben. Altier et al. (2017, S. 307) betonten im Hinblick auf die Ausstiegsprozesse: „[…] our findings indicate that a loss of faith in the ideology underpinning terrorist behavior (or 'de-radicalization') is not one of the most commonly cited causes for disengagement, nor a prerequisite." Auch Bjørgo (2013, S. 234) vertrat die Ansicht, dass es sich um zwei separate oder lose verzahnte Prozesse handele, weshalb sich die Frage nach dem primären Ziel – Verhaltens- oder Haltungsänderung – der Terrorismus- und Extremismusbekämpfung stelle. Zugleich stellt die Ablehnung gewaltlegitimierender Bestandteile einer Ideologie eine wichtige Voraussetzung für die Distanzierung von und den Ausstieg aus Subkulturen der Gewalt dar (Zweck-Mittel-Konflikt bzw. Neuformatierung der Frame-Script-Selektionen).

Demgegenüber scheint das Aufgeben des zugrunde liegenden ideologischen Systems in der Transitionsphase nicht zwingend erforderlich für eine Transformation zu sein. Wie della Porta (2013, S. 233) hinsichtlich der Radikalisierungsprozesse betonte, weisen ideologische Systeme Ambivalenzen auf:

„[…] rather than focusing on preexisting ideologies, explanations for radicalization should look at the manipulation of such ideologies by violent groups, which connect old frames to new ones, legitimizing radical means. […] What is more, the very same ideologies have been used to justify more moderate positions; thus their reinterpretation as justification for killing and/or self-immolation implies radical breaks with the ideological tradition. […] Transformation of the definition of the self (more and more as an heroic elite), of the other (more and more as „evil"), and of violence (more and more as intrinsically good) is brought about not by the original big narrative but rather by a mechanism of adaptation of frames to changing contextual challenges through ideological encapsulation."

„Transitionsbrücken" bestehen unter anderem aus (ideologischen) Konzepten, die die übergeordneten Prinzipien des Ein- und Ausstiegs plausibel machen.[5]

---

[5] „[…] die Aufrechterhaltung der persönlichen und politischen Identität ist eine der wesentlichen Voraussetzungen in der Abkehr von den strategisch-methodischen Überlegungen des Terrorismus. […] Der Austritt aus der Organisation kann dann erfolgen, wenn Brücken gebaut werden, und wenn sich die Abkehr als bessere Verhaltensoption darbietet. Brücken bestehen in der Regel aus Konzepten, die auf akzeptable Weise erklärbar machen, dass der Weg in den

Daher können übergeordnete Ideologeme bei der Loslösung von *terroristischen Taktiken/Strategien* – in bestimmten Phänomenbereichen – eine distanzierungsfördernde Wirkung entfalten. Dies würde erklären, warum die ausstiegswilligen Terroristen öfter die Mittel der Zielerreichung und seltener die politischen Ziele selbst ablehnen.

3.3 Forschungsansätze, (Phasen-)Modelle und Heuristiken

Verglichen mit den Radicalization Studies mangelt es in der Deradikalisierungsforschung größtenteils an elaborierten und operationalisierbaren Theorien/Modellen sowie an deren empirischer Untersuchung. Einige als Theorien etikettierte Annahmen über Deradikalisierungsprozesse sind nicht als solche formuliert oder getestet worden. Nachfolgend sind einige theoretische Überlegungen und Heuristiken beschrieben, die die wissenschaftliche Diskussion mehr oder minder geprägt haben.

Taylor und Horgan (2006) etablierten in den Post-9/11-Deradikalisierungsstudien ein Prozessmodell terroristischer Karrieren, das die Phasen des Einstiegs, Verbleibens und der Herauslösung enthält. Zur Beantwortung der Frage nach Ursachen für Ein- und Ausstiege identifizierten sie drei Gruppen von Prozessvariablen wie individuelle Faktoren[6], prägende Ereignisse/Rahmenbedingungen[7] und soziale, politische sowie organisationale

---

Terrorismus und der Weg wieder heraus mit übergeordneten Prinzipien zu tun hat. Dies ist notwendig, weil der Akteur sonst seine Identität verlieren würde" (Schmidtchen 1981, S. 56).

[6] „Personal factors relate to the psychological and environmental context the individual experiences at the time of whatever quality of involvement he or she has. Critical elements might include an individual's emotional state (perhaps as an element in its own right, or, as below, as an element of what is described in the diagrams as 'disaffection' or distance from social constraints relating to immediate political or ideological contexts), immediate experiences (such as perceived negative contact with security forces), or peer pressure. The precise factors will presumably vary from individual to individual, and furthermore will change as a result of the individual's experiences and continued involvement with terrorism and its consequences. Although there may be some overlap, personal factors can be distinguished from setting events in terms of immediacy and salience" (Taylor und Horgan 2006, S. 592).

[7] „Setting events relate to essentially past contextual influence. These influences are effectively unchangeable, in that they have happened as part of the individual's socialisation into family, work, religion, society, and culture. They represent the context from which the individual comes, and may in part correspond to the sort of correlational factors identified in surveys and the like that look for commonalities of experience between terrorists that might be expressed as the "trajectory" qualities to terrorism. In a sense these factors are the precursors of immediate causal influences, but tend to be so general as to have little predictive value. They clearly

Kontexte[8]. Der Fokus des Modells liegt auf dem Individuum im Kontext einer Praxisgemeinschaft. Die einzelnen Prozessphasen sind demnach: Pre-radicalisation → Radicalisation → Pre-involvement Searching → Violent radicalisation → Remaining Involved and Engaged → Disengagement → De-radicalisation (Horgan 2009, S. 146). Trotz lesenswerter Ausführungen über psychologische (Gruppen-)Prozesse des Terrorismus blieb die Modellierung der Ausstiegsprozesse jedoch hinter der Reflexion der Radikalisierungskontexte zurück. Das aus dem Modell hervorgegangene ‚Arc' *framework of involvement, engagement and disengagement (IED)* wurde von Horgan et al. (2016) im Rahmen einer qualitativen Fallstudie geprüft und für nützlich befunden (vgl. auch das *Bow Tie Model*).

Moghaddam (2009, S. 282 ff.) leitete von seinem *Treppenhaus-Modell* der Radikalisierung eine Perspektive auf Deradikalisierung, in der er mögliche und plausible Maßnahmen abhängig von der jeweiligen Radikalisierungsstufe beschrieb. Die den „fünften Stock" erreicht habenden Terroristen könnten etwa verhaftet und durch Bildungsangebote „deprogrammiert", aktive Gruppierungen durch militärische Maßnahmen dezimiert werden. Die sich im „vierten Stock" befindliche Rekrutierungsbasis sollte durch die Delegitimierung terroristischer Gruppierungen und das Vermeiden von ausgrenzenden „Wir/Ihr"-Diskursen verringert werden. Die die moralische Unterstützung des Terrorismus leistenden „Bewohner" des „dritten Stockwerks" sollen durch alternative Angebote an die Mehrheitsgesellschaft gebunden werden. Im „zweiten Stock" sollen Maßnahmen gegen die Frustration und die Identitätsdiffusion der über die Politik der USA/des Westens „Empörten" zur Anwendung kommen. Zum „ersten Stock" merkte Moghaddam (2009, S. 286) an:

---

contribute to the behavioural choices of an individual, and may provide important direction and motivation, but they cannot be said in any meaningful way to 'cause' or result in choices of a particular set of actions" (Taylor und Horgan 2006, S. 592).

[8]"Social/political/organisational context refers to a feature of the individual's external social context that is specifically concerned with political expression and ideology, and/or the organisational expression of that ideology. Given that both political and organisational qualities impinge on the individual's experience of social context, some elements of this may be included in, or at least influenced by, the individual's distal context, and similarly they may also impinge on personal factors (in the sense, for example, of joining an organisation to acquire status). However, there is a clear sense in which political, ideological, and organisational issues come together in terrorism to form a distinctive and critical quality perhaps not so evident in other areas of social living. This seems to be the most significant factor that distinguishes terrorist from criminal violence, and it might be hypothesised that it is in accessing this quality that the process that changes the disaffected and troubled individual into a terrorist may lie" (Taylor und Horgan 2006, S. 592 f.).

3.3 Forschungsansätze, (Phasen-)Modelle und Heuristiken

„De-radicalization programmes targeting individuals on the first floor need to be broad cultural, educational, and political programmes. In the cultural arena, programmes should expand in local cultural organizations and activities that can absorb particularly young people. These should include traditional artistic and cultural arenas, such as those reflecting indigenous arts and crafts, architecture, tapestry and carpets, and poetry. In education, far greater efforts are needed to strengthen indigenous educational resources and institutions, which could provide appropriate training for local youth and decrease dependence on imported expertise".

An diesem Beispiel lässt sich veranschaulichen, wie die De-radicalization Studies als „Derivat" der Radikalisierungsforschung versuchen, auf dem Terrain der Erforschung von Terrorismusbekämpfungsmaßnahmen zu reüssieren. Von einem systematischen und ganzheitlichen Ansatz kann in diesem Fall jedoch noch keine Rede sein (Koehler 2017).

Eine wissenschaftliche Analyse holistischer Präventionskonzepte (Prävention als „gesamtgesellschaftliche Aufgabe"), die die jeweiligen Mechanismen, Strategien, Maßnahmen inkl. ihrer Vorteile und Einschränkungen, zuständige Akteure und Zielgruppen systematisch reflektiert, ist von herausragender Bedeutung für die Deradikalisierungsforschung. Eine der vielversprechenden Konzeptionen, die an die in Vergessenheit geratenen herkömmlichen Maßnahmen der Terrorismusbekämpfung (Schneckener 2006; Urban 2006) erinnert, stammt aus der Feder von Bjørgo (2013, 2016a).

Bjørgo (2016b, S. 26) identifizierte neun Präventionsmechanismen, die in praktisch jedem Kriminalitätsbereich inkl. Extremismus- bzw. Terrorismusbekämpfung zur Anwendung kommen können (vgl. Gielen 2008: 462 f.):

- Establishing and maintaining normative barriers[9],

---

[9] „Moral barriers against inflicting death and suffering on other people is probably what keeps most people from engaging in terrorism, even if they may hold serious grievances. Basic upbringing, socialisation and education are the principal ways such norms are internalised among children and young people. Parents, teachers and other moral authorities are main preventive actors but peers and other role models may increasingly play leading roles in forming attitudes. Although norms and moral values is probably the most effective barrier against participation in terrorism and violence, some individuals have few scruples against causing suffering to others. Even among „normal people" morality is a fragile barrier which may crumble under certain circumstances. Nevertheless, building and maintaining such norms is one of the most important strategies for preventing terrorism. […] The *preventive mechanism* here consists of reinforcing objections and normative barriers to the use of violence and terrorism, and eliminating excuses and reasons for using violence" (Bjørgo 2013, S. 31, 33).

- Reducing recruitment[10],
- Deterrence[11],
- Disruption[12],

---

[10] „A social and political prevention strategy is based on reducing the driving forces behind and motivation for adopting the use of terroristic violence, by trying to eliminate or reduce the root causes and sources of frustration and anger, and stopping radicalisation processes at as early a stage as possible. Measures may address processes and conditions at the (macro) level of society, state, international relations or trans-national developments, at the (meso) level of social movements, institutions, organisations, and groups, or at the (micro) level of individuals and face-to-face interaction. Many kinds of political and social actors have relevant measures at their disposal. The social and political crime prevention strategy goes to the root of the problem and may bring positive effects in more problem areas than just terrorism. However, some root causes are difficult to change and positive impact may take a long time to achieve. [...] The *preventive mechanism* is, in other words, reducing the driving forces behind and motivation for adopting the use of terroristic violence by eliminating or reducing the root causes and sources of frustration, and stopping any radicalisation process at as early a stage as possible" (Bjørgo 2013, S. 38, 39).

[11] „The deterrence mechanism is based on increasing the costs of terrorism or other crimes by (threat of) punishment, retaliation or other social sanctions, aiming at reducing the motivation to carry out such acts. Measures are generally repressive, such as imprisonment, violent force and other sanctions. The police, criminal justice system and military forces are main actors. However, diplomatic and economic sanctions have also been used against states sponsoring terrorists. Deterrence has generally been more effective against such states than against highly motivated terrorists, whose decision making is often based on different rationalities. The use of military reprisals after terrorist attacks has frequently been justified as means of deterrence but the side effects are grave and have often turned out to be counter-productive, reinforcing a spiral of violence. [...] The *preventive mechanism* in the deterrence strategy is to reduce the motivation of the terrorists or their supporters through threats of punishment, reprisals or other negative consequences" (Bjørgo 2013, S. 49, 50).

[12] „The *preventive mechanism* in disruption is to stop terrorists from carrying out their attacks by discovering and exposing preparations for attack in advance, and through various means prevent the actions from being carrying out. Thus, disruption has two phases: detection and intervention. The principal actors in the disruption strategy are the security and intelligence services, and the police, although the general public may also play an important role by providing information about suspicious activities and people. The target group for the measures are people actively planning and preparing acts of terrorism. Means may be to arrest suspects but

3.3 Forschungsansätze, (Phasen-)Modelle und Heuristiken

- Protecting vulnerable targets[13],
- Reducing harm[14],
- Reducing rewards[15],
- Incapacitation[16],

---

warnings and preventive dialogue may also be used as means of early intervention to disrupt possible involvement in terrorism" (Bjørgo 2013, S. 55).

[13] „This approach is based on the theory of situational prevention. The *preventive mechanism* is to identify and remove opportunities for specific types of terrorist action, thereby making it more difficult to carry through attacks. This may mean to increase the efforts needed to carry through a specific attack (e.g. by target hardening, control access to facilities, control weapons and other tools and substances), or to increase the risks for detection (e.g. by natural or formal surveillance). Some of the measures have had proven effects of reducing certain forms of terrorist attacks, such as hijacking of airplanes. However, protecting certain targets has sometimes led terrorists to attack other, less protected targets. This displacement effect is one of the main drawbacks of this strategy. Protective measures may also be costly and intrusive" (Bjørgo 2013, S. 64).

[14] „If a terrorist attack cannot be avoided, the next *preventive mechanism* is to reduce the harmful consequence through interventions which are planned, prepared and trained before an attack takes place. The goal is to save lives, alleviate suffering, reduce fear, restore social functions and infrastructure, and maintain confidence in institutions and authorities. Many actors play important roles in such an effort, with the police, medical emergency units, fire brigades in lead roles but a number of other public and private agencies and actors are also involved. Coordination of these agencies and personnel is often a main challenge in major crisis, typically due to capacity problems, insufficient communication, lack of training, irrelevant emergency plans or failure to implement such plans" (Bjørgo 2013, S. 71).

[15] „In order to achieve their aims, terrorists are dependent on others reacting to the terrorist violence in a manner that affords the terror greater effect than the physical harm the actual violent act causes in itself. The *preventive mechanism* therefore consists of not giving the terrorists the responses they seek to achieve, making it less attractive for them or other potential terrorists to repeat a form of action that has not provided the desired return. This may mean not to overreact with brutality and repressive force, not to give in to their demands, or not to give the terrorists the kind of media attention they crave for. The main actors here are political leaders, business leaders and the news media" (Bjørgo 2013, S. 76).

[16] „The *preventive mechanism* in incapacitation is to reduce or eliminate the capacity of terrorist actors to carry out terrorist attacks and cause harm. The main means in a criminal justice framework is arresting and incarcerating (potential) violent perpetrators, to take away their access to weapons and funding, and in extreme cases to 'take them out' by lethal force. In

- Desistance and rehabilitation[17].

Präventive Mechanismen seien auf theoretischen Erklärungen bzw. Hypothesen basierende Postulate über Wirkungen von Maßnahmen.[18] Entsprechende Maßnahmen stellen Mittel oder Methoden dar, die zur Aktivierung eines Mechanismus eingesetzt werden, um ein bestimmtes Ergebnis zu erzielen. Eine Maßnahme kann demnach verschiedene, auch nicht intendierte Mechanismen in Gang setzen und

---

a military framework, killing (or apprehending) terrorists and destroying terrorist training facilities and their equipment are the main measures. Some countries have made extensive use of targeted killings by drones, sometimes in the form of extra-legal executions. It is often more effective to neutralise the hubs in a terrorist network than trying to take out the entire network" (Bjørgo 2013, S. 81).

[17] „It is not true that 'once a terrorist, always a terrorist'. Most terrorist groups and individuals end their involvement sooner or later, voluntarily or involuntarily. The *preventive mechanism* involves bringing about an end to individual terrorist careers and collective campaigns sooner rather than later. This requires a combination of push and pull factors, making continued involvement in terrorism less attractive and providing realistic and attractive exit options. Measures could involve amnesties or lighter sentencing/prison conditions, peace processes, political reforms or programs to facilitate disengagement and reintegration into mainstream society. Bringing an end to terrorist campaigns should be the ultimate goal of counter-terrorism (Bjørgo 2013, S. 86).

[18] „Social mechanisms do not follow laws of physical necessity: they are more likely to work under some conditions and less likely under others. One example of this is the assumption that the threat of punishment deters individuals from committing crimes because they (presumably) will make a rational assessment, weighting up the costs against any benefits, which in turn can reduce motivation. The actual mechanism here is a mental process – a calculation that takes place in the heads of the actors. However, it is far from certain that everyone will end up making the same decision. Other mechanisms may be generated by specific types of social interaction such as pressure to conform and loyalty within an extremist group, which may result in individuals taking part in actions they would normally not want to get involved in. Some mechanisms lie in the interaction between individuals and their social or physical environment and may be more directly observable. For example, a motivated terrorist may be deprived of the capacity to commit an act of terrorism by detaining him behind prison walls, which effectively prevents him from carrying out acts of terror in society. Correspondingly, a rifle bullet fired by a police sniper can prevent a terrorist from achieving his intention of killing a hostage or stopping him in the act of committing a massacre. In these cases the preventive mechanism is relatively observable and tangible. While some types of mechanism can be abstract or mental, other types of mechanism can be more concrete and observable" (Bjørgo 2013, S. 6).

3.3 Forschungsansätze, (Phasen-)Modelle und Heuristiken

umgekehrt können unterschiedliche Maßnahmen zur Aktivierung eines Mechanismus ergriffen werden. Jeder Mechanismus muss im Hinblick auf den Präventionsgegenstand unter besonderer Berücksichtigung der folgenden Fragestellungen konkretisiert werden (Bjørgo 2016b, S. 27):[19]

- How do the various *preventive mechanisms* work to reduce a specific crime problem?
- Which *measures* or methods can be used to activate these mechanisms?
- Who are the *principal actors* in the implementation of the various methods?
- Who are the *target groups* for the various strategies and their relevant measures?
- What are the *strengths and the positive side effects* of the various measures?
- What are the *limitations, costs and negative side effects* of the various measures?

Auf diese Art und Weise können die hypothesengeleiteten Präventionsmechanismen, Strategien, Methoden und Techniken der Fachpraxis – je nach Interventionskontexten – auf deren Wirkungen bewertet und bei Bedarf optimiert werden. Verglichen mit den herkömmlichen Ansätzen der Deradikalisierungsforschung ist die wissenschaftliche Beschäftigung mit präventiven Mechanismen allerdings noch nicht weit genug fortgeschritten. Wer jedoch Deradikalisierung als Methode der Terrorismusbekämpfung bzw. -prävention auffasst, muss imstande sein, die jeweiligen Mechanismen im Gesamtkontext verorten und ihre (Wechsel-)Wirkungen aufzeigen zu können.

Scharfe Kritik an den bekannten linearen Modellen der (De-)Radikalisierung – „Fließband", Stufen- und Pyramidenmodelle – übten Khalil et al. (2019) und verwiesen hierbei auf ein bekanntes, aber noch nicht zufriedenstellend gelöstes Problem der sogenannten Einstellung-Verhalten-Schere (vgl. bspw. die neoklassischen Handlungstheorien wie die *Theorie des überlegten Handelns* und die *Theorie des geplanten Verhaltens* sowie Modelle wie das *Rubikonmodell der Handlungsphasen* und die *Selbstwahrnehmungstheorie* sowie die *Dissonanztheorie*). Als Alternative zu den bestehenden und nur rudimentär validierten Deradikalisierungsmodellen schlugen sie ein *Attitudes-Behaviors Corrective (ABC) Model of Violent Extremism* vor, das die Diskrepanz zwischen den radikalen Einstellungen und dem Gewaltverhalten in den Vordergrund rücken soll. Trotz des weiterhin bestehenden Weiterentwicklungsbedarfs wohnen dem ABC-Modell einige diskussionswürdige Annahmen inne (McCauley 2020).

---

[19] In seinen lesenswerten Abhandlungen geht der Experte eingehend auf mögliche und plausible Antworten ein.

Khalil et al. (2019, S. 5 ff.) modellierten das Verhältnis zwischen dem Gewaltverhalten und radikalen Einstellungen mit zwei Koordinatenachsen. Die y-Achse bildet dabei das Ausmaß der Einbindung in die ideologieinduzierte Gewalt ab, während auf der x-Achse die Ablehnungs- oder Befürwortungsgrade der ideologischen Gewaltanwendung platziert werden. Daraus ergeben sich verschiedene Figurationen der Attribute, die für unterschiedliche Idealtypen in extremistischen Formationen charakteristisch sind (vgl. Abb. 3.1).

Die Autoren weisen auf den dynamischen Charakter der typenbildenden Merkmalsausprägungen hin, was die Veränderung der Einbindungsgrade möglich machen soll. Um diese im Sinne des Ursachenparadigmas erfassen zu können, bedarf es Antworten auf mindestens vier Fragen (Khalil et al. 2019, S. 8):

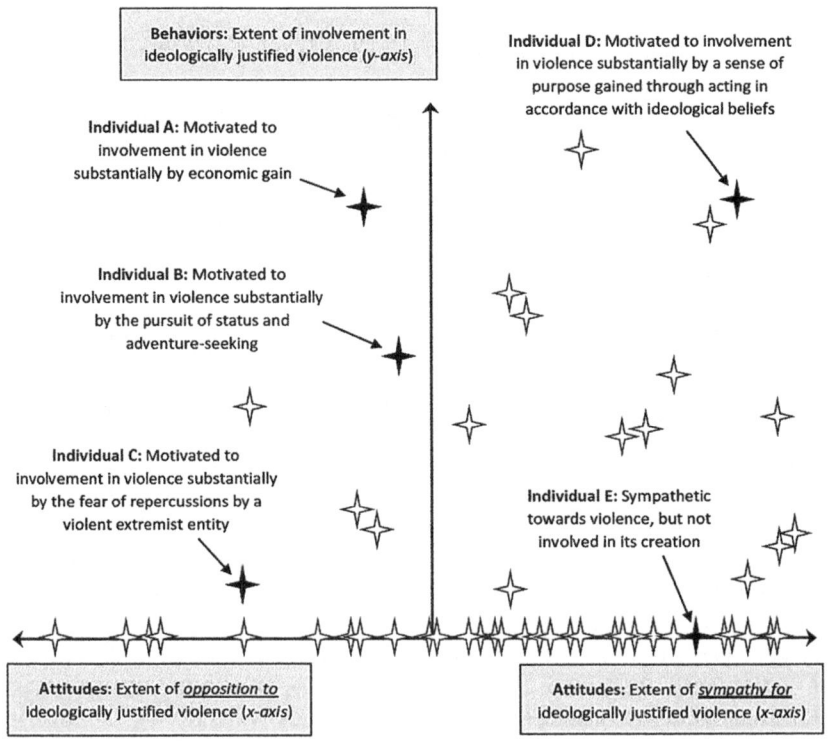

Abb. 3.1 Einstellung-Verhalten-Schema des ABC-Modells. (Quelle: Khalil et al. 2019, S. 5)

3.3 Forschungsansätze, (Phasen-)Modelle und Heuristiken

- Why do individuals become sympathetic to ideologically justified violence?
- How do individuals become sympathetic to ideologically justified violence?
- Why do individuals become involved in ideologically justified violence?
- How do individuals become involved in ideologically justified violence?

Zur Beantwortung dieser Fragen arbeiteten Khalil et al. (2019, S. 9) ein „Drei-Faktoren-System" heraus, das auf *strukturelle Motivatoren* (bspw. sozioökonomische und politische Bedingungen), *individuelle Motive* (bspw. ökonomische und psychologische Vorteile) und *Ermöglichungsfaktoren* (bspw. Trigger in Form von sozialen Netzwerken, Medien, Waffenzugängen) abhebt. Laut der zugrunde liegenden Hypothese verursachen die strukturellen Motivatoren in Kombination mit den Ermöglichungsfaktoren Sympathien für ideologische Gewalt, während individuelle Motive im Zusammenhang mit den Ermöglichungsfaktoren die Gewaltanwendung fördern.[20]

Mit Blick auf die Distanzierungs- und Deradikalisierungsprozesse formulierten Khalil et al. (2019, S. 15 f.) forschungsleitende Fragen, die zum Verständnis dessen beitragen sollen, wie und warum das radikale Gewaltengagement reduziert wird, oder auch nicht. Erklärende Variablen ergeben sich aus dem oben erwähnten Drei-Faktoren-System:

I. 1: Why do individuals reduce sympathy for ideologically justified violence?
I. 2: How do individuals reduce sympathy for ideologically justified violence?
II. 1: Why do individuals reduce/end involvement in ideologically justified violence?
II. 2: How do individuals reduce/end involvement in ideologically justified violence?
III. 1: Why do individuals retain sympathy for ideologically justified violence?
III. 2: How do individuals retain sympathy for ideologically justified violence?
IV. 1: Why do individuals remain directly involved in ideologically justified violence?
IV. 2: How do individuals remain directly involved in ideologically justified violence?

Hinsichtlich der Formen von Deradikalisierung und Disengagement postulierten die Autoren drei mögliche Idealtypen: (1) „deradikalisiert, aber nicht herausgelöst", (2) „deradikalisiert und herausgelöst" und (3) „herausgelöst, aber nicht deradikalisiert" (vgl. Abb. 3.2).

In einer Replik auf das ABC-Modell äußerte McCauley (2020, S. 3) Zweifel an den Vorteilen der Unterscheidung zwischen „Warum?" und „Wie?" der (De-)Radikalisierung: „What is the difference between why and how an individual

---

[20]Es sei an dieser Stelle an die Forschungen von Malthaner (2005) und Waldmann (2009) erinnert, die eine Reihe weitergehender Faktoren ausgearbeitet haben.

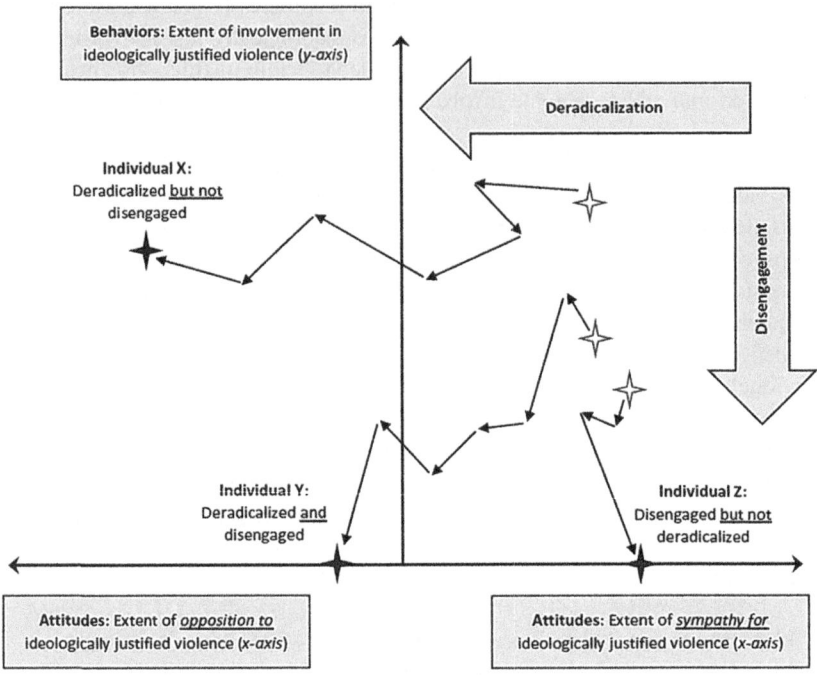

Abb. 3.2 Deradikalisierungs- und Disengagementspfade. (Quelle: Khalil et al. 2019, S. 15)

sympathizes with a terrorist cause, or between why and how an individual engages in violence for a terrorist cause? Is this the difference between motive, on one hand, and means and opportunity on the other?". Diese Kritik ist typisch für die herkömmliche (De-)Radikalisierungsforschung, die nur in seltenen Fällen zwischen Ursachen und Gründen bzw. zwischen „Ursachen der Ursachen" und Ursachen (Gründen) einerseits sowie zwischen den notwendigen und hinreichenden Bedingungen andererseits unterscheidet. Ein Forschungsansatz, der diese Fragestellungen implizieren würde, würde jedoch mehr Klarheit in die Debatte bringen.

Eine der bekanntesten Heuristiken der Deradikalisierungsstudien stellt der von Decker und van Winkle (1996) im Rahmen der kriminologischen Gangforschung entwickelte und von Bjørgo (2002) adaptierte *Push-/Pull-Ansatz* dar. Altier et al. (2017, S. 308) betonten zwar seinen deskriptiven Wert, zweifelten zugleich unter

3.3 Forschungsansätze, (Phasen-)Modelle und Heuristiken

anderem seine Vorhersagegüte und das Potenzial an, Loslösungsprozesse zu modellieren:

> „Some terrorists may experience one or a combination of push/pull factors and never disengage, while others explicitly cite the same factor(s) as reasons for leaving. Further [...] due to the absence of large-n studies of disengagement across a range of terrorist groups and/or regions, there is no evidence as to which push/pull factors are more likely to precipitate disengagement, on average, in the terrorist population."

Aus diesen Gründen schlugen die Wissenschaftler vor, die jeweiligen Push- und Pull-Faktoren in Kombination mit dem *Investitionsmodell* von Caryl E. Rusbult (1983) zu reflektieren. Dieses Modell postuliert einen Zusammenhang zwischen dem Commitment der Beteiligten gegenüber einer Beziehung und ihrer Dynamik sowie Stabilität. Die allgemeine These – je geringer die Qualität der verfügbaren Alternativen, je höher die Zufriedenheit und die Investitionen in die Beziehung, desto größer das Commitment – lässt sich mit einer Formel fassen: *Commitment = Zufriedenheit – Alternativen + Investitionen,* wobei *Zufriedenheit =* aktuell (Nutzen – Kosten) – *antizipiert* (Nutzen – Kosten). Je größer der Nutzen, je niedriger die Kosten, desto höher die Zufriedenheit, so eines der Postulate.[21] Das Commitment beschreibt die Wahrscheinlichkeit eines Verbleibs in der Gruppe, die mit der Reduktion der wahrnehmbaren Alternativen und der Zunahme von Investitionen größer wird. Altier et al. (2017, S. 309) fassten die Vorteile des Investitionsmodells wie folgt zusammen:

> „The investment model improves upon the push/pull framework because it allows us to understand why certain pushes or pulls may cause some terrorists but not others to disengage, based upon their individualized levels of satisfaction with involvement, available alternatives, and investments. Further, the model allows for a more dynamic approach by accounting for the fact that certain pushes and pulls may prompt disengagement for a given individual when introduced at certain points in time but not others."

Des Weiteren verwiesen sie auf mögliche Vorteile der *Exit-Theorie* von Helen R. F. Ebaugh – trotz des scheinbaren Mangels an empirischen Nachweisen. Es seien an dieser Stelle ihre Befunde über den Ausstieg aus verschiedenen sozialen Rollenmodellen rekapituliert. Ebaugh argumentierte in ihrem Buch „Becoming an Ex: The Process of Role Exit" (1988), dass der Prozess des Rollenwechsels in der Regel vier Stufen durchläuft: (1) Zweifeln, (2) Suche und Abwägung von

---

[21] Vgl. das Disengagement-Modell von Riley et al. (2017): Disengagement = Possibility of Escape – Commitment to the Group – Cost of Capture.

Alternativen, (3) Wendepunkt und (4) Post-exit-Umstellung. Der erste Teilprozess könne durch vier Umstände ausgelöst werden: organisatorische Veränderungen, Burnout, Enttäuschung oder drastische Veränderung der Beziehungsqualität und „spezifische Ereignisse" (Wacquant 1990). Die bewertende Suche nach Alternativen könne entweder mehr aus rationalen Erwägungen oder aus emotionalen Zuständen resultieren. Zu diesem Teilprozess würde etwa die Abwägung von alternativen Rollenmodellen, die Prüfung der sozialen Unterstützung, der Wandel von Bindungen an soziale Gruppen und das imaginäre und reale Ausprobieren der neuen Rolle gehören. Die Dauer dieser zweiten Phase hänge vom Grad der Umkehrbarkeit bzw. Festigung und der sozialen Erwünschtheit des Ausstiegs ab, wobei im Ergebnis „kognitive Befreiung" stattfinden müsse, um den dritten Teilprozess des Wendepunkts auszulösen. Den Wendepunkt stelle ein mobilisierendes Ereignis dar, das die ursprünglichen Zweifel bestätige und ins Bewusstsein rufe, dass das alte Rollenmodell gescheitert oder nicht mehr befriedigend bzw. eine Hürde für die weitere Entwicklung ist. Es seien symbolisch vermittelte Ereignisse oder Erlebnisse/Situationen, die die betroffenen Personen unter Zugzwang setzen und die für den Exit notwendigen – moralischen und sozialen – Ressourcen mobilisieren würden. Dabei könne es sich um unmittelbare Wirkgrößen – bspw. Verhaftung – oder aber auch um Einflüsse handeln, die das sprichwörtliche Fass zum Überlaufen bringen (bspw. Frustrationssteigerung) oder die Wirksamkeit von Rechtfertigungen für den Ausstieg erhöhen (bspw. Desillusionierung). Der Ausstieg aus einem Rollenmodell könne als vollzogen gelten, wenn es der betroffenen Person abschließend gelingt, die Rolleninkongruenz (alte und neue Rolle) sowie Spannungen zwischen der neuen Selbstdefinition und der gesellschaftlichen Reaktion bzw. Etikettierung zu managen (Wacquant 1990).

Vom sozialen Kapital der Aussteigenden hängen in starkem Maß die Dauer der mit dem Rollenwechsel einhergehenden „Vakuumphase" und/oder die Intensität der „Schmerzen der Loslösung" – bspw. Isolation, Hoffnungslosigkeit – ab (Nugent und Schinkel 2016). Aus diesem Grund ist das aus Familien und/oder Freunden und/oder Arbeitskollegen bestehende Auffangnetz von herausragender Bedeutung.

Trotz der dezidert sozialwissenschaftlichen Kritik am Rollenkonstrukt und daraus resultierend an der Theorienbildung sei angemerkt, dass es sich hierbei um jene Art von Untersuchungen handelt, die die Deradikalisierungsforschung im Hinblick auf die Theorienformulierung und Überwindung der Theorie-Praxis-Schere teils missen lässt. Im Sinne der Grounded Theory-Methodologie strebte Ebaugh an, über die subjektiven Sichtweisen bzw. Erklärungen hinauszugehen und jene Verhaltensmuster sowie soziale Prozesse zu identifizieren, die die Formulierung von erklärenden Theorien für die gesellschaftlichen Interaktionsprozesse ermöglichen. Auch wenn Altier et al. (2017) auf die Anwendung/Überprüfung der Exit-Theorie zugunsten des Investitionsmodells ob seiner wissenschaftlichen Fundiertheit verzichteten, ist seine Integration mit dem herkömmlichen Push-/Pull-Ansatz im Sinne einer realitätsnahen erklärenden Theorie noch nicht abgeschlossen. Decker et al. (2014) ist es demgegenüber gelungen, die Exit-Theorie anhand einer Untersuchung von 260 ehemaligen Gangmitgliedern empirisch zu bestätigen.

In einer späteren Studie stellten Altier et al. (2020) positive Korrelationen zwischen den Gruppenrollen, internen/externen Rollenkonflikten sowie bestimmten Push-/Pull-Faktoren fest und kamen zu dem Schluss, dass Terroristen mit „Nebenrollen" eher aussteigen als Ideologen und die „Jungs fürs Grobe" bzw. die „Ausführungsoffiziere" (vgl. de Ahna 1982):

> „We find evidence to support the claim that individuals experiencing role conflict and role strain are more likely to disengage. Evidence also suggests those in leadership and violent, operational roles are less likely to leave even when controlling for factors likely to influence one's satisfaction suggesting that these individuals may incur greater sunk costs and possess fewer alternatives. Those in support roles, conversely, are more likely to exit. Finally, we show even when controlling for ideological commitment certain roles are more commonly associated with the experience of particular push/pull factors hypothesized to drive disengagement decisions. These findings indicate that greater attention to a terrorist's role(s) may lend important insights for encouraging or facilitating their disengagement. [...] Further, knowing one's role in the group may provide additional insight into the push/pull factors for disengagement he or she may be experiencing. Our findings indicate that leaders are more likely to experience regret over their role in terrorist attacks and a harder time living underground. Violent operators are more likely to experience burnout and physiological distress. Such information can help in the development of more tailored interventions especially when knowledge of the individual's motivations and circumstances are lacking" (Altier et al. 2020, S. 20).

Die Studie von Harris et al. (2017) kann aus zweierlei Gründen als eine der wenigen Ausnahmen hinsichtlich der empirisch basierten Hypothesenformulierung hervorgehoben werden. Einerseits fokussierten die Wissenschaftler auf das in der Deradikalisierungsforschung eher selten analysierte Konstrukt der sozialen Identität. Andererseits fungierten in dieser Untersuchung nicht die verschiedenartigen Gründe für das Enttäuscht-Sein über die Gruppenrealität, sondern normative, affektive und praktische Trigger für das schwindende Commitment gegenüber

Gruppen als Forschungsgegenstand. Unterschiedlich gelagerte Auslöser[22] wurden von den 27 interviewten Studienteilnehmern als ausstiegsrelevante kausale Bedingungen interpretiert, die sie ob erheblicher Abweichungen zwischen der personalen Identität und der Gruppenidentität als Gefahr wahrgenommen haben. Die Selbst- und Fremdwahrnehmung bzw. das Selbstbild und normative Erwartungen der Gruppe ergaben bei den befragten Ausgestiegenen Diskrepanzen auf einer oder mehreren Ebenen, wie z. B.:

1. auf der Ebene gruppenrollenbedingter Kompetenzen und Leistungserwartungen,
2. auf der Ebene moralischer und ethischer Grundsätze bspw. anlässlich der Gruppenaktivitäten und/oder der internen Umgangsformen,
3. auf der Ebene der Machterwartungen im Sinne der Durchsetzungsfähigkeit in der Gruppe und
4. auf der Ebene der Signifikanz.

„As the discrepancy between group membership and self-concept increased, participants began reducing psychological dependency on their group as well as increased self-awareness and focus on personal priorities. With the decline in dependency, participants were more receptive to factors that made the exit, or an alternative social group membership, favourable", so Harris et al. (2017, S. 8).

Dabei waren verschiedene Bewältigungsstrategien – bspw. der Aufbau einer atypischen Identität als Abweichung von der Gruppenidentität sowie die Neupriorisierung persönlicher Zielsetzungen oder das Entwickeln adaptiver Präferenzen jenseits der Gruppe – für die Reduzierung von Abhängigkeiten ausschlaggebend. Obwohl in den Deradikalisierungsstudien eher wenig beachtet, stellt die Erforschung von ausstiegsrelevanten Identitätskonflikten sowie der ihnen zugrunde liegenden Diskrepanzen zwischen der postulierten und tatsächlichen Gruppenrealität einen wichtigen Ansatz dar, der auch mit Blick auf praktische Belange nicht unbedeutend ist.

---

[22] „Common group related threats that contributed to individuals experiencing a discrepancy between the self and group membership included; failed interpersonal dyadic relationships (within the social group); changing group dynamics; role conflict or performance; leadership's failure to act in accord with expectations and group norms; police pressure; and external family commitments. Overall, disillusionment towards the social group was necessary for disidentification. Participants who only experienced external causes still exited, but maintained a positive identification with their social group and a desire to rekindle affiliation. Hence, such individuals may have terminated membership, but remained emotionally attached to their group and/or lifestyle and may be at risk of recidivism" (Harris et al. 2017, S. 7).

Auch Windisch et al. (2019) widmeten sich in ihrer vergleichenden Studie der Ebene des Commitments unter Rückgriff auf die *Theorie des organisationalen Vertrauens* (inkl. eines Codierungsmodells) und die *Theorie des psychologischen Vertrages* mit dem Ziel, mögliche Auslöser für das Misstrauen und die Desillusionierung der Mitglieder extremistischer Formationen näher zu beleuchten. In Anlehnung an die genannten Theorien standen drei organisationale Eigenschaften im Vordergrund der narrativen Tiefeninterviews mit insgesamt 20 ehemaligen Links- und Rechtsextremisten:

1. das Können bzw. die Kompetenzen der Anführer und Mitglieder (bspw. Planung, Organisation und Entscheidungsfindung)[23],
2. die Integrität (bspw. organisationale und interpersonale Werte sowie Methoden)[24] und
3. das Wohlwollen im Sinne der Handlungen im Interesse der oder umgekehrt gegen die Gruppenmitglieder (bspw. fehlendes Mitgefühl, Aufrichtigkeit/Scheinheiligkeit, Gewalt)[25].

„Taken together, these three facets provide a framework to analyze the presence (or absence) of trust among members of an organization" (Windisch et al. 2019, S. 561). Im Endergebnis erwies sich die schwache bzw. negative Ausprägung aller Einflussfaktoren als relevant: fünf Interviewte nannten eine der Variablen als Auslöser für ihr Misstrauen, alle drei Faktoren spielten bei vier Befragten eine Rolle und elf Interviewteilnehmer berichteten über zwei von drei möglichen Einflussgrößen.

„Results suggest that low ability, low integrity, and low benevolence explain a major portion of distrust, which was found to erode internal group relationships. In general, each of these factors undermines the group's cohesiveness and solidarity, which nurtured disillusionment and prompted members to disengage from extremist activities" (Windisch et al. 2019, S. 570).

---

[23] „*Ability* refers to a set of skills and competencies that enable a party to have influence within a specific domain. Organizations with high levels of ability are viewed as capable problem solvers" (Windische et al. 2019, S. 560).

[24] „*Integrity* refers to the expectation that organizations tell the truth and display a sense of fairness or moral character that can help individuals cope with uncertainty" (Windisch et al. 2019, S. 560 f.).

[25] „[…] *benevolence* reflects the expectation that organizations have good intentions and will do well to their members without succumbing to egocentric or opportunistic behavior" (Windische et al. 2019, S. 561).

Die Art und Weise, wie die Anführer und ihre „Ausführungsoffiziere" mit Gruppenmitgliedern im Sinne der Integrität und Loyalität umgingen, oder der Mangel an Fertigkeiten und Erfahrungen erwiesen sich für beide Samples als signifikant. Zugleich gab es Unterschiede: Während die befragten Linksextremisten auf die mangelnde Solidarität nach einer externen Viktimisierung als Auslöser für ihren Argwohn hinwiesen, beklagten die Rechtsextremisten vordergründig interne Viktimisierungserfahrungen.

Es darf hier eine Erwähnung des *Pro-Integrationsmodells* (PIM)[26] von Barrelle (2015) nicht fehlen (zur Anwendung des Modells in der realistischen Evaluation vgl. Gielen (2018: 468 ff.)). Es sei vor allem das neue Konzept des Disengagements in den westlichen Demokratien hervorgehoben. PIM stellte einen Versuch dar, ein ganzheitliches Modell von Disengagement im Sinne einer Re-Integration in die Mehrheitsgesellschaft zu entwickeln (Barrelle 2015, S. 133). Anhand von 22 Interviews mit ehemaligen Extremisten verschiedener Couleur identifizierte die Forscherin 15 für die Re-Integration relevante Themen und ordnete diese fünf Bereichen[27] zu, die sie mit drei möglichen Re-Integrationsmodi – minimales,

---

[26] „Former extremists who report feeling the most connected in mainstream society are those who have made significant changes in each of the five domains: 'Social Relations', 'Coping', 'Identity', 'Ideology' and 'Action Orientation'. These five themes relevant to sustained integration comprise the five domains of PIM. The term 'pro-integration' is used to capture the full potential of societal engagement across these five domains. Proactive self-development across the domains moves a person towards a state of connectedness and wellbeing as indicated by the presence of a range of supportive and meaningful relationships in the community; psychological and physical health; personal/social resources to participate in life; a stable sense of self; a range of social identities; a coherent set of ideas and beliefs that enable peaceful cohabitation; and nonviolent action orientation such that the individual can participate in their own life, or wider community life to the full extent that they wish without hurting others. Actual departure from an extremist group is just the beginning of the next phase in a person's life" (Barrelle 2015, S. 134).

[27] Cherney und Belton (2020, S. 197) schlugen folgende (Sub-)Indikatoren vor: *Social Relations* (Significant personal relationships, Improvements to family relationships, Relations with others in their immediate environment, Engagement with their environment, Sense of belonging and contributing to society), *Coping* (Development of social supports, Dealing with personal issues, Uncertainty tolerance, Dignity, purpose and independent functioning), *Identity* (Development of personal identity and sense of self, Identification to extreme identity, Other group identifications, Shift in „us vs them" mentality, Consistency between personal and social identity), *Ideology* (Support for political system, Moderation of religious beliefs, Improve depth of knowledge about religious beliefs, Critical re-evaluation of views, Acceptance of a plurality of views), *Action Orientation* (Involvement in mainstream activities, Dis-association with extremists/radicalized offenders/co-accused, Self-reflection about attitudes, towards own extremist activities, Engagement in civic activities/non-violent activism).

3.3 Forschungsansätze, (Phasen-)Modelle und Heuristiken 35

Abb. 3.3
Pro-Integrationsmodell.
(Quelle: Barrelle 2015, S. 135)

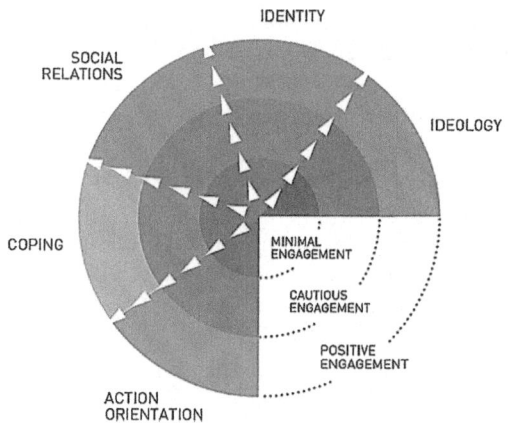

zurückhaltendes und positives Engagement – in Verbindung brachte. So entstand ein Modell, das für jeden Themenbereich verschiedene Re-Integrationsebenen abzubilden vermag (vgl. Abb. 3.3).

Somit geht die Forscherin über die Frage nach dem „Wie" hinaus und reflektiert Gelingensbedingungen sowie Formen der Re-Integration von ehemaligen Extremisten. Ihre Operationalisierung von Disengagement als Identitätstransformation von „Outside" zu „Inside" rund um die fünf zentralen ausstiegsrelevanten (Themen-)Bereiche[28] stellt einen interessanten Ansatz dar, der die einseitige Perspektive auf Disengagement als „Walking away" durch den Blickwinkel „Walking towards" ergänzt.

---

[28] „Social relations are the vehicle through which most change occurs, so consideration of who a person spends time with is critical. Coping skills and self-care are necessary for an individual to move from surviving to thriving in society; this is especially so for former extremists and needs to be incorporated into any referral and support programmes aimed at assisting or accelerating disengagement from violent extremism. Identity is core to who we are and where we belong; therefore safe opportunities need to be provided for disengaging individuals to explore their personal values and test out new places in society in which they might want to belong; this is best achieved through mediators that the person identifies with on some level. If beliefs, ideas and narratives remain important to the disengaging person then they will need to learn how to respectfully challenge and question ideas, as well as educate themselves in their faith/ideology tradition in order to live harmoniously in wider society without hatred or conflict. Finally, action orientation typically changes when the person removes themselves from the radical social environment because the group influence no longer dominates, and generally results in a cessation of violence. How long this remains so depends entirely on the changes in the other domains" (Barrelle 2015, S. 140).

Auch in der angewandten Ausstiegsforschung sind Erklärungsmodelle entstanden, die den Distanzierungsprozess als Ablauf von verschiedenen Phasen darstellen. Bjørgo (2009, S. 139 ff.) beschrieb so ein Stufenmodell des Ausstiegs aus rechtsextremistischen Szenen wie folgt:

1. Motivationsphase, in der Zweifel aufkommen und das Engagement infrage gestellt wird,[29]
2. Loslösungsphase, in der der Ausstieg vollzogen oder der entsprechende Entschluss gefasst wird,[30]
3. Etablierungsphase, in der die Lebensbedingungen des Ausgestiegenen neu organisiert werden,[31]
4. Reflexionsphase, in der die schmerzhafte Aufarbeitung der vergangenen Taten vollzogen wird,[32] und
5. Stabilisierungsphase, in der ein neues Leben mit neuen sozialen Bezügen beginnt.[33]

Auffällig ist hier die Verschränkung zweier Dimensionen, die als funktional (bspw. Motivationsphase) und strukturell (Etablierungsphase) bezeichnet werden können. Sie ließen sich analytisch trennen, zugleich bleibt das Modell als

---

[29] „The young person is still part of the White Power scene, but has started to have second thoughts about it, and questions his/her involvement. At this point the person contacts Exit and probes the possibilities for disengagement and assistance. Exit answers questions, provides information, and offer a contact person 'who has been where you are and knows how it is'" (Bjørgo 2002, S. 23).

[30] „The person has made the decision to leave the White Power scene. Some have already quit when they contact Exit, others need practical help and advice to do so. Exposed to threats from former friends, and left without a social network, this is a chaotic period" (Bjørgo 2002, S. 24).

[31] „The break is now completed. The young person has secured a place to live and subsistence (usually with parents or by assistance from social services). Some have a job, others study or get job training, and some have still not found anything to do. But they have cut their ties to the White Power scene, as well as to their former friends there. They are usually in a social vacuum, with a very limited social network" (Bjørgo 2002, S. 24).

[32] „At this stage the individuals start to realise what they have been involved with during their time in the Nazi movement, such as violence, crimes, extreme ideologies of hatred, and recruitment of others into similar activities. Some get problems with anxiety, depression, insomnia, or alcohol. Some also need professional help to deal with their violent impulses, traumas, or their lack of confidence" (Bjørgo 2002, S. 24).

[33] „At this stage, the young persons have got a 'normal' life with job, studies, and sometimes a family of their own. They have turned away from hatred, racism, crime, and alcohol abuse (Bjørgo 2002, S. 24).

Abbildung des Ausstiegsverlaufs in der realen Welt plausibel (vgl. auch zu sachlogischen Schritten im Ausstiegsprozess: Buchheit (2014: 82ff.)).

Wagner (2020) entwickelte demgegenüber anhand seiner Erfahrungswerte aus der Deradikalisierungsarbeit mit Aussteigenden ein funktionales Phasenmodell der (De-)Radikalisierung und setzte insofern neue Akzente, als er etwa die Burnout- bzw. Abgeschlagenheitsphase als möglichen Auslöser entweder für eine Hyperradikalitäts- oder für die Zweifelphase interpretierte, die in der Sprung-Phase münden kann. Wichtig erscheint überdies der Hinweis auf eine Stigmatisierungsfalle während des Ausstiegs: Scheitert der Ausstieg ob der unzureichend professionellen Flankierung durch Ausstiegshilfen und die Integration ob des stigmatisierenden Beschämens, droht sich die anfängliche Distanzierung in ihr Gegenteil – die Re-Radikalisierung – zu verkehren. Insgesamt identifizierte der Extremismusexperte sechs Stufen der Radikalitätsphase:

1. Euphorie-Phase (Wahrheits- und Kameradschaftsphase),
2. Fantastic-Phase (Phase des Fanatismus),
3. Plateau-Phase (Tretmühlenphase),
4. Burnout-Phase (Abgeschlagenheitsphase),
5. Hyperradikalitäts-Phase (Chronifikationsphase),
6. Zweifels-Phase (Überzeugungszerfallsphase).

„Bis zur Plateau-Phase sind die Interventionen zwecks Deradikalisierung oft sehr problematisch, in ihrer Wirkung unbestimmt, nicht selten äußerlich hoffnungslos, gleichwohl nicht zwecklos, wie die Erfahrung gelehrt hat, da hier schon Anlagen für einen aufkeimenden ‚Zweifel' gelegt werden konnten", so Wagner (2020, S. 5).

Erwähnenswert ist überdies das *Resonanzachsen-Konzept der Deradikalisierung* von Buchheit (2019), das in Anlehnung an die „Soziologie der Weltbeziehung" von Hartmut Rosa (2016) entwickelt wurde. Zwischen den Polen der Antwortbeziehungen bzw. -zuständen „Resonanz" und „Entfremdung" bzw. „Burnout" werden in diesem Modell drei Resonanzachsen platziert, die etwa die sozialen Beziehungen zu Familie und Freunden (horizontale Dimension), Beziehungen zur „Dingwelt" wie Arbeit und Bildung (diagonale Dimension) und weltanschaulich relevante Beziehungen wie religiöse sowie historische Referenzen (vertikale Dimension) umfassen (vgl. das Pro-Integrationsmodell).

Des Weiteren haben sich in der deutschen Extremismusforschung, die im Gegensatz zu Deradikalisierungsstudien nicht den Anspruch hegt, die Distanzierung von Terrorismus und Extremismus holistisch erklären zu wollen, sondern primär die Mikro- sowie Mesoebene fokussiert, etwa Möller und Schuhmacher (2007) mit verschiedenen Mustern und Stadien der Distanzierungsprozesse befasst. Distanzierungen von Einstellungen, Praxiszusammenhängen und (Verhaltens-)Orientierungen gelten in ihrer qualitativen Untersuchung als Funktion von „Erfahrungen mit unterschiedlichen Referenzgruppen und -beziehungen sowohl im Binnenraum der Szene als auch in der Kommunikation mit der Außenwelt und aus der Bewältigung der durch sie gestellten Anforderungen. Genauer: sie resultieren aus einer bestimmten Interpretation dieser Erfahrungen" (Möller und Schuhmacher 2007, S. 358). Die relevanten Erfahrungen setzen sich demgemäß aus spezifischen Erlebnissen im Binnenraum der Szene, sozialen Zusammenhängen außerhalb der Szene und den Herausforderungen der Gestaltung lebensphasenspezifischer Entwicklungsaufgaben zusammen (Möller und Wesche 2014, S. 25). In den meisten Fällen konnten die Wissenschaftler drei Stadien im Distanzierungsverlauf identifizieren, in späteren Publikationen kam eine vierte Phase hinzu (Möller 2016):

1. Stadium der Irritation inhärenter und kohärenter Überzeugungen,
2. Stadium der inneren und lebenspraktischen Loslösung von Handlungs- und Einstellungsstrukturen,
3. Stadium der Manifestierung von innerer und lebenspraktischer Distanz und
4. Neuperspektivierungsphase.

Diesen Entwicklungsstadien waren verschiedene Teilmuster[34] eigen. In späteren Forschungen wurde eine weitere – inhaltliche – Dimension postuliert, die den Distanzierungsprozess in fünf Erfahrungsbereichen (bspw. Kontrolle, soziale Bezüge, Sinn- und Relevanzbezüge sowie Kompetenzen) prägen soll (Möller und Wesche 2014, S. 25). Der Ausstieg soll dabei in verschiedenen Phasen möglich sein (Möller 2016):

- in einer Phase der ersten Annäherung (Affinisierungsphase),

---

[34] „Zum Ersten das *Teilmuster desintegrierender Binnenerfahrungen im Szenekontext*. In diesen Bereich gehören konkrete Negativerfahrungen mit dem Verhalten anderer Szeneangehöriger und daraus resultierende Entfremdungen von den in diesem Kontext ausgebildeten Beziehungen und geteilten Werten. Zum Zweiten das *Teilmuster sozialer Kontrolle in Referenzbeziehungen*. Hierunter fallen positive und negative Erfahrungen in Familien, Partnerschaften, bereits bestehenden oder gerade aufgenommenen Freundschaftsbeziehungen und Kontakten außerhalb der Szene. Zum Dritten das *Teilmuster des ‚Maturing Out'*, also des alters- bzw. lebensphasebedingten Ablegens von Handlungsorientierungen und auch Einstellungen. Zum Vierten das *Teilmuster institutioneller Sanktionierung*" (Möller und Schuhmacher 2007, S. 372).

- in einer Phase der sukzessiven Verfestigung rechtsextremer Haltungen (Konsolidierungsphase) und
- in einer Phase der Gruppenmitgliedschaft (Fundamentalisierungsphase).

Möller und Schuhmacher (2007, S. 481) interpretierten in ihrer Studie die Distanzierung als eine produktive Auseinandersetzung des bilanzierenden Subjekts mit sich und seiner Umwelt.

Rommelspacher (2006) beschrieb den Ausstieg als einen durch psychische, soziale und ideologische Motive bedingten Prozess und arbeitete anhand qualitativer Interviews unterschiedliche Ausstiegsmotive vor dem Hintergrund der jeweiligen Einstiegsmotivationen heraus. Bei einem Ausstieg gewinnen demnach einige Faktoren an Relevanz: eine erfahrene Widersprüchlichkeit innerhalb des rechtsextremen Zusammenhangs, eine Perspektivlosigkeit in Bezug auf die eigene Zukunft und Erfahrungen in Kontexten jenseits der Gruppe, die die Irritationen und Zweifel verstärken (Rommelspacher 2006, S. 196 f., 2008).

Ausstiegshemmende Faktoren – bspw. kontroll-, handlungs- und gruppenbezogener Druck – wurden im Rahmen eines vom BKA ins Leben gerufenen Projekts zu Formen von Gruppendruck und Einflussnahme auf Ausstiegswillige untersucht. Im Hinblick auf mögliche Formen der Loslösung ergab die qualitative Untersuchung drei Konstellationen (de Wetering und Praßer 2018, S. 165 f.):

1. eine reflexive, d. h. sukzessive und geplante Loslösung, die aus einem signifikanten, die Ambivalenz der Zugehörigkeit zuspitzenden Erlebnis resultierte;
2. eine ereignisbezogene Loslösung, bei der der Widerspruch zwischen Selbstverständnis und Alltagspraxis abrupt virulent wurde und
3. eine durch die Gruppe selbst oder durch die Strafverfolgungsbehörden erzwungene Loslösung.

Die Frage, welche Mechanismen und Gründe für die reflexiven und ereignisbezogenen Ausstiege von Bedeutung waren, stand allerdings nicht im Mittelpunkt der Untersuchung.

3.4 Befunde über Kontexte und Faktoren von Ausstieg und Deradikalisierung

Die jeweiligen Forschungsbefunde werden naturgemäß durch Kategorien und deren Operationalisierungen sowie Untersuchungsanlagen vorstrukturiert (Bubolz und Simi 2015, S. 1592 f.). Die *Deradikalisierungsstudien der ersten Generation* zeichneten sich durch einen „Catch all"-Ansatz und wenig spezifizierte Aussagen über mögliche und plausible ausstiegsrelevante Faktoren aus. So unterschied etwa Horgan (2009, S. 31, 35) psychologische sowie physische Faktoren, die sich gegenseitig bedingen sollen, und ergänzte sie um eine zusätzliche Dimension der (Un-)Freiwilligkeit. Im Endergebnis entstand eine Taxonomie möglicher Faktoren des „psychologischen"[35] und „physischen"[36] Disengagements. Dabei postulierte der Forscher unterschiedliche Teilprozesse und Methoden bzw. Formen des Ausstiegs, deren Wechselwirkungen nicht weiter spezifiziert wurden.

Bereits im Jahr 2002 benannte Tore Bjørgo einzelne Push-/Pull-Variablen, ohne jedoch ihre Wechselwirkungen aufzuzeigen. Als Push-Faktoren können demnach gelten (Bjørgo 2002, S. 11 f.):

1. soziale Sanktionierung,
2. Verlust des Glaubens an die Gruppenideologie und -„politik",
3. Desillusionierung über die Gruppendynamiken und -prozesse,
4. Statusverlust und
5. Burnout.

Außerdem identifizierte Bjørgo (2002, S. 12 f.) folgende Pull-Faktoren:

1. Zu-Alt-Werden,
2. Wunsch nach einem „normalen" Leben sowie
3. Beruf,
4. Familiengründung mit neuen Verantwortlichkeiten gilt demgemäß als eines der stärksten Ausstiegsmotive.

Neben den Push- und Pull-Faktoren wies der Forscher auf eine Reihe von ausstiegshemmenden Bedingungen hin wie

1. zugeschriebene positive Eigenschaften der Gruppe,
2. Sanktionierung durch die Gruppe,

---

[35] 1) Desillusionierung infolge eines Konflikts zwischen den einstiegsrelevanten „Phantasien" und der Realität, 2) Desillusionierung im Hinblick auf die Taktik, 3) Desillusionierung wegen strategischer, politischer oder ideologischer Differenzen, 4) „Burnout" und 5) Prioritätenveränderung und -konflikt.

[36] 1) Freiwilliger Ausstieg aus der Bewegung, 2) unfreiwilliger Ausstieg, 3) unfreiwilliger Übergang zu einer neuen Rolle, 4) freiwilliger Übergang zu einer neuen Rolle, 5) unfreiwilliger gemeinsamer Ausstieg aus der Bewegung, 6) Erfahrungen aus dem „psychologischen Disengagement", die zum physischen Ausstieg führen (Kategorien eins bis fünf).

3. Angst vor dem Verlust des Gruppenschutzes,
4. Sanktionierung durch die Justiz sowie
5. Fehlen von Alternativen (Bjørgo 2002, S. 13 f.; vgl. Bjørgo 2009; Demant et al. 2008).

Anhand einer (Sekundär-)Analyse von Studien mit 216 Interviews mit ehemaligen Extremisten verschiedener Couleur gelang es Dalgaard-Nielsen (2013, S. 103 f.), drei Faktorengruppen auszumachen, die einen Ausstieg wahrscheinlich machen:

1. Zweifel an der militanten Ideologie bzw. an militanten Narrativen (mögliche Auslöser: psychologische Auswirkungen der Gewaltanwendung bzw. Zweifel an deren Sinn und Zweck oder der Einfluss von signifikanten Anderen),
2. Zweifel an bzw. Enttäuschung über Gruppendynamiken oder Anführer (mögliche Auslöser: ungerechte Behandlung oder Verrat),
3. Zweifel wegen persönlicher und/oder praktischer Belange (mögliche Auslöser: Burnout, Älterwerden, Wunsch nach einem „normalen" Leben oder Schuldgefühle wegen der Auswirkungen des Engagements auf Freunde und Familie).

Die Datenqualität ließ jedoch nur eingeschränkte Aussagen und keine Gewichtung dieser „Cluster" zu – trotz ihrer allgemeinen Plausibilität: „We are not looking at a random and hardly at a representative sample of voluntary disengagers. The interviewees have not been asked the same questions and the data has been processed and analyzed differently. We also lack a control group of 'stayers' in order to establish with a higher degree of certainty, that the themes identified below are actually causally linked to disengagement and not simply co-existing. […] It is not possible to assign the individual interviewees to specific clusters and thus establish a quantitative overview over how many disengages from which kind of extremist group in connection with which kind of doubt" (Dalgaard-Nielsen 2013, S. 102). Fünf Jahre später kamen weitere Studien hinzu (insgesamt 245 Interviews), wobei die beschriebenen Faktorengruppen identisch blieben. Einschränkend merkte Dalgaard-Nielsen (2018, S. 276) erneut an: „The case studies generally neither attempt nor allow identified disengagement factors and triggers to be checked against a control group of 'stayers'". Vor diesem Hintergrund erscheint es verfrüht, solche Analysen als Evidenzen zu behandeln.

In ihrer Auswertung von internationalen Publikationen rund um das Thema Ausstieg untersuchten Lösel et al. (2020) sechs qualitative Studien aus unterschiedlichen Regionen mit verschiedenen ideologischen Schwerpunkten und fassten ihre Ergebnisse wie folgt zusammen (vgl. Tab. 3.1).

Tab. 3.1 Ausstiegsrelevante Faktoren anhand qualitativer Untersuchungen. (Quelle: Lösel et al. 2020, S. 65)

Factor	Type of ideology	Study[a]	Push/pull factors
Individual factors			
Disillusionment with group leaders or members	r/e, n/s, mixed	1, 2, 3, 4, 5, 6	Push
Disillusionment with group methods	r/e, mixed	1, 2, 3, 5, 6	Push
Unmet expectations	r/e	3, 6	Push
Own identity	mixed	1	Pull
Age, mental and physical health	n/s, mixed	1, 4, 5, 6	Push
Competing loyalty	r/e	6	Pull
Change of mind, time to think	r/e, n/s	2, 3, 4, 5	Mixed
Costs-benefit reflections	r/e	2, 3	Mixed
Family factors			
Good family ties	r/e, n/s	4, 6	Pull
Family pressure against extremism	r/e	2, 3	Pull
Own parenthood	n/s	4, 5	Pull
Peer group and other social factors			
Social relations	r/e, n/s, mixed	1, 2, 3, 4, 5	Pull
Positive social experiences, social integration	r/e, mixed	1, 2	Pull
Detachment from extremist group through imprisonment	n/s	4	Mixed
Community and society factors			
Change in political situation, legitimacy conflict	n/s	4, 5	Pull
Imprisonment	n/s	4, 5	Mixed

Notes. r/e religious/ethnic ideology, n/s nationalist/separatist ideology
[a]Studies listed in the third column: (1) Barrelle (2015); (2) Chernov Hwang (2015); (3) Chernov Hwang et al. (2013); (4) Ferguson (2016); (5) Reinares (2011); (6) van der Heide and Huurman (2016)

Starke Effekte auf der Ebene der Push-Bedingungen ergaben sich aus der Desillusionierung über Gruppenführung, -mitglieder und -methoden. Die Ausgestiegenen berichteten überdies über unerfüllte Erwartungen bspw. im Hinblick auf ihre Identität als Gruppenmitglied. Mit Blick auf Pull-Bedingungen erwiesen sich soziale Bindungen außerhalb der Gruppe, Unterstützung/Druck durch Familien und positive Erfahrungen mit den Behörden als ausstiegsfördernd. Einige Studien betonten eine Kosten-Nutzen-Abwägung als Ausstiegsgrund (Lösel et al. 2020, S. 65 f.).

3.4 Befunde über Kontexte und Faktoren von Ausstieg und Deradikalisierung

Fasst man die Befunde jener Forschungen zusammen, die dem Push-/Pull-Ansatz anhängen, ergibt sich insgesamt folgende Taxonomie (Altier et al. 2014, S. 648 ff.):

Push-Faktoren:

1. unerfüllte Erwartungen als „Realitätskonflikt",
2. Ernüchterung im Hinblick auf die Strategie oder Aktionen,
3. Ernüchterung mit Blick auf interpersonale Beziehungen und Anführer/Mitglieder der Gruppe,
4. Schwierigkeiten, sich an das Leben in der Klandestinität anzupassen,
5. Probleme im Umgang mit Gewalt,
6. Angst vor Verhaftung,
7. Verlust des Glaubens an die Gruppenideologie,
8. Burnout.

Pull-Faktoren:

1. konkurrierende Loyalitäten außerhalb der Gruppe,
2. Bindungen an das moderate Umfeld (bspw. Freunde, Familie),
3. Verpflichtungen oder Chancen in Bereichen Beruf und Bildung,
4. familiäre Verpflichtungen oder Familienwunsch,
5. finanzielle Anreize,
6. Amnestie.

Es sei in diesem Zusammenhang auch auf ein „Modell der Nicht-Radikalisierung" von RAND als Versuch einer Zuordnung von verschiedenen Faktorenebenen hingewiesen, das mehrheitlich rationale Faktoren reflektiert, die die Herauslösung aus terroristischen Strukturen und die Nicht-Affiliation erklären sollen (vgl. Abb 3.4).

Das Modell legt nahe, dass beim Vorliegen der Risikofaktoren wie des Bedürfnisses, auf die politischen und persönlichen Missstände mit Gewaltmitteln zu reagieren, vor allem Angst, Enttäuschung und wahrgenommene Ineffizienz der Gewalt relevante „Schutzfaktoren" sind. Die wahrgenommenen Kosten und die Ineffizienz der Gewaltanwendung sollen sowohl im Hinblick auf die Nicht-Radikalisierung als auch auf die Herauslösung eine wichtige Rolle spielen (Cragin et al. 2015). Familiäre Verpflichtungen und Angst stellen Sub-Kategorien in beiden Bereichen dar. Die Herauslösung setzt überdies zwei weitere relevante Einflussfaktoren voraus: die Misshandlung durch die Gruppe und/oder den Verlust positiver Anreize. Der Verlust sozialer Bindungen an die Gruppe trägt ebenfalls

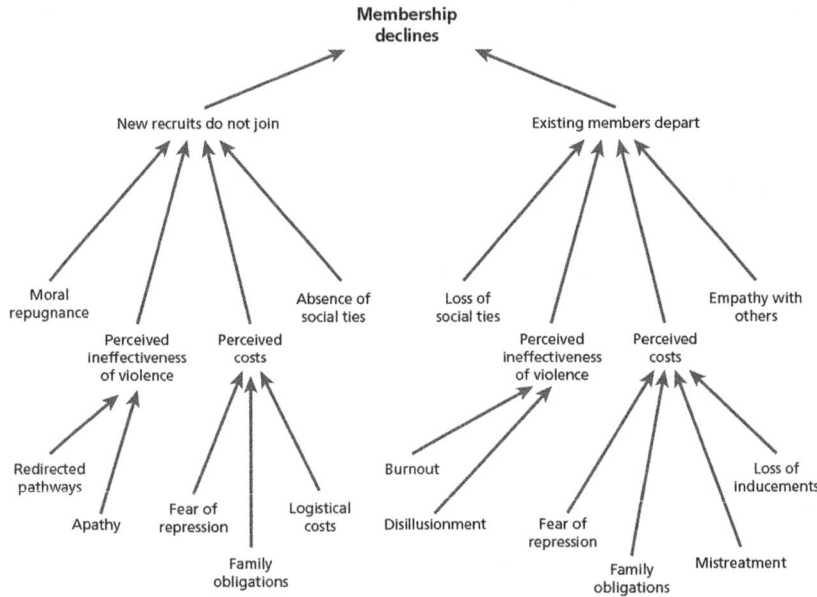

Abb. 3.4 Ein Nicht-Radikalisierungsmodell. (Quelle: Cragin 2014, S. 347)

zum Ausstieg bei, weshalb die Anbindung an Familie und Freunde, die zum ersten Distanzierungsschritt animieren können, besonders wichtig erscheinen.

Jene Faktoren, die es den Mitgliedern extremistischer Formationen ermöglichen, mit Identitätskrisen und Rückschlägen während ihres Engagements umzugehen und die Verbleibmotivation aufrechtzuerhalten, sind von besonderer, auch praktischer Relevanz. Sie werden jedoch nach wie vor nur stiefmütterlich behandelt. Daher sei an dieser Stelle ein in den 1990er Jahren begonnenes Forschungsprojekt von Ferguson und McAuley (2020) hervorgehoben, in dem 110 Mitglieder und Aussteiger aus den irischen paramilitärischen Gruppierungen den Wissenschaftlern Rede und Antwort standen. Sechs Themen bzw. Dimensionen erwiesen sich im Rahmen der interpretativen phänomenologischen Analyse als erklärende Variablen (Ferguson und McAuley 2020, S. 4 ff.):

1. Moralische Ambiguität, Dehumanisierung und Isolation: Neben der ursprünglichen sozialen Segregation, die die Grenzen zwischen dem Eigenen und

Fremden strikt umriss und die Wirksamkeit der Feindbilder erhöhte, sorgten das moralische Disengagement und die stressvollen Interaktionen mit der Außenwelt für einen Risikoschub innerhalb der Gruppen und die Zementierung des Gruppendenkens. Infolgedessen verblieben die abgeschotteten paramilitärischen Formationen auf der Ebene der mittelfristigen Planungen bzw. Strategien; sie handelten reaktiv und ließen langfristige Strategien und politische Analysen bzw. Konzepte missen.
2. Allumfassende Identität stellte eine wichtige, den Verbleib ermöglichende Größe dar, die bei der Bewältigung politischer Herausforderungen und existenzieller Ängste ihre Wirkung entfaltete. Außerdem sorgte eine Identitätsfusion für die Überwindung der Unsicherheiten im Blick auf das persönliche und soziale Selbst (vgl. das *Devoted Actor-Modell* und das *Identity Fusion-Konzept*).
3. Die wahrgenommene Zweckmäßigkeit und Effizienz des Engagements erzeugten das Gefühl der Selbstwirksamkeit gegen den dehumanisierten Feind bzw. das Böse.
4. Die empfundene Wirksamkeit der Gewaltanwendung förderte den „Einsatzes für die Allgemeinheit" bzw. die eigene Gemeinschaft. Die Aktivisten führten das Überleben der positiven Bezugsgruppe auf ihr unmittelbares Engagement zurück und waren davon überzeugt, dass sie zur Sicherheit der Gemeinschaft, Initiierung eines Friedensprozesses oder Verbesserung der sozialen Bedingungen beitragen würden. „A key aspect of this belief was that the actions of the armed group they belonged to, and thus their own violence, had improved or at least maintained the position of their community in face of threats from the other community or the British Government. Many participants believed that the violence they had employed was effective in bringing change, or forcing the opponent to seek a political compromise. Republicans drew widely on the belief that violence had brought about changes in Irish society, which otherwise would not have been achieved, for loyalists it was their violence that had brought the republican movement to its knees, eventually to settle for a ceasefire" (Ferguson und McAuley 2020, S. 6).
5. Die Unterstützung durch die positive Bezugsgruppe sicherte die notwendige Rückkopplung mit dem Legitimationsspender.
6. Die Inhaftierung und die strategische Weiterentwicklung: Beim Aufflammen des Konfliktgeschehens wirkten Hafterfahrungen eher radikalisierend. Für einige Akteure galt dies gleichermaßen auch im weiteren Konfliktverlauf. Bei anderen Militanten löste die zeitweise Unterbrechung der Konfliktspirale und der damit verbundenen Reiz-Reaktion-Sequenzen einen Reflexionsprozess aus und bewirkte eine Rationalisierung des eher intuitiven Konfliktverständnisses.

Neben positiven Kontakten zu ehemals dehumanisierten Feinden trugen ideologische Diskussionen und das Nachdenken über die langfristigen Strategien der Zielerreichung zur Deradikalisierung und strategischen Abkehr von der bisher praktizierten Gewaltanwendung bei.

Zusammenfassend betonten Ferguson und McAuley (2020, S. 7): „In parallel with [...] negative consequences and losses, being a paramilitary led to an amplification in radical views and beliefs in the utility of violence. It strengthened feelings of empowerment and self-efficacy, while increasing the use of dehumanization and bias. These processes, developed through insulated contact between likeminded militants subjected to threat [...], are necessary to sustain a militant lifestyle and buttress the militant against the pressures they face [...]".[37] Über die eigentliche Fragestellung hinaus konnte die Studie weitere Erklärungsansätze dafür liefern, unter welchen Umständen die Desillusionierung über die Gewalt als Lösungsmittel erfolgen kann: die Unterbrechung von Reiz-Reaktion-Sequenzen, die Überwindung des intuitiven bzw. affektiven Konfliktverständnisses und die Befassung mit ideologischen Fragestellungen sowie strategischen Planungen der Konfliktlösung.

Die *Deradikalisierungsstudien der zweiten Generation* wenden komplexere Auswertungsmethoden an und nehmen Gewichtungen einzelner Einflussgrößen vor. So untersuchten Altier et al. (2017) 87 autobiografische Berichte von ehemaligen Terroristen auf die selbstberichteten Push- und Pull-Faktoren hin und kamen zu dem Schluss, dass vor allem die Enttäuschung über Strategien oder Aktionen, Anführer und Mitglieder sowie Alltagsroutinen der Gruppe einen großen Einfluss auf den intentionalen Ausstieg ausübten – anders als in der Vergleichsgruppe (freiwilliger vs. unfreiwilliger Ausstieg; vgl. Tab. 3.2).[38]

---

[37] Vgl. die Befunde aus dem *PIRUS-D3-Projekt* mit etwa 300 Fällen aus verschiedenen Phänomenbereichen: „PIRUS-D3 shows that the average extremist faces multiple barriers to disengagement that can prolong or thwart their attempts to exit extremist groups or desist from crime. These include (1) being a member of a close-knit extremist group that includes a friend, family member, or romantic partner (56.7 %), (2) having a non-ideological criminal history (35.9 %), (3) having a poor educational background (60.6 %) and/or (4) an unstable work history (31.1 %), and (5) facing issues of substance abuse (17.7 %) and mental illness (5 %)" (Jensen et al. 2019, S. 1).

[38] Die PIRUS-D3-Auswertung der Desillusionierungsursachen ergab folgende Befunde:
- „Approximately 52% of the individuals in PIRUS-D3 who cited disillusionment as a reason for leaving extremist groups referenced a feeling of cognitive dissonance that arose when (1) the beliefs promoted by their ideology did not conform to the real-world experiences they were having with members of out-groups, especially ethnic and religious minorities, and/or

3.4 Befunde über Kontexte und Faktoren von Ausstieg und Deradikalisierung

Tab. 3.2 Rolle der Push-Faktoren für den intentionalen Ausstieg. (Quelle: Altier et al. 2017, S. 320)

Push Factor	Control Group (n = 54) Experienced (%)	Voluntary Disengagement (n = 49)			
		Experienced (%)	Any Role (%)	Large Role (%)	Small Role (%)
Disillusionment with strategy or actions	24.1	59.2	55.1	36.7	18.4
Disillusionment with leaders	16.7	55.1	44.9	30.6	14.3
Disillusionment with members	16.7	49.0	42.9	26.5	16.3
Disillusionment with day-to-day tasks	5.6	49.0	42.9	22.5	20.4
Loss of faith in ideology	N/A	N/A	28.6	16.3	12.2
Burnout	13.0	30.6	24.5	22.5	2.0
Fear of being caught	44.4	34.7	18.4	6.1	12.2
Fear of being a victim of violence	16.7	16.3	10.2	4.1	6.1
Difficulty living a clandestine lifestyle	5.6	16.3	10.2	6.1	4.1
Difficulty coping with attacks	5.6	16.3	0.0	0.0	0.0
Regret for role in attacks	13.0	18.4	0.0	0.0	0.0
Psychological distress	18.5	20.4	0.0	0.0	0.0
Physiological distress	3.7	10.2	0.0	0.0	0.0

Als weniger relevant erschienen in den analysierten Selbstberichten die Entzauberung von Ideologien, der Burnout oder die Angst vor Festnahmen/Inhaftierungen. Unter den Pull-Faktoren stachen vor allem alternative Loyalitäten und Interaktionen mit nicht delinquenten Netzwerken aus Familien und Freunden hervor – in beiden Gruppen (vgl. Tab. 3.3). Überdies waren soziale

---

(2) their experiences with violence were less glamorous and more traumatic than is typically depicted in extremist narratives.
• Just over 37 % of the sample of disillusioned individuals cited internal disagreements over tactical decisions, such as target selection and choice of weapons, as a source of their frustrations with their affiliated extremist groups/movements. In some cases, however, individuals were unhappy that their groups' leaders were not adopting violent tactics, which prompted them to form their own violent splinter groups.
• A similar number (34 %) noted internal struggles for leadership as the reason for their disillusionment.
• Nearly a quarter (22.2 %) of the disillusioned sample referenced feeling that the leadership of their groups were hypocritical in their decisions and behaviors. Most often these feelings arose when leaders restricted group members from participating in activities (e.g., drug and alcohol use) in which they openly engaged.
• Finally, 20 % of the sample described feeling „burned out" by years of involvement in extremist groups as a source of their disillusionment.
• Disillusionment often failed to produce a corresponding change in the underlying extremist beliefs of the individuals in PIRUS-D3. At the time of coding, more than 25 % of the disillusioned sample continued to publicly promote extremist views after leaving their respective extremist groups" (Jensen et al. 2019, S. 3).

Tab. 3.3 Rolle der Pull-Faktoren für den intentionalen Ausstieg. (Quelle: Altier et al. 2017, S. 323)

Pull Factor	Control Group (n = 54) Experienced (%)	Voluntary Disengagement (n = 49)			
		Experienced (%)	Any Role (%)	Large Role (%)	Small Role (%)
Desire to seek employment/education	16.7	26.5	14.3	8.2	6.1
Dedicate more time to family	13.0	26.5	12.2	6.1	6.1
Too hard to balance with family life	24.1	20.4	14.3	4.1	10.2
Financial incentives	—	16.3	6.1	2.0	4.1
Dedicate more time to existing job/educational program	5.6	14.3	10.2	4.1	6.1
Amnesty	—	12.2	12.2	8.2	4.1
Desire to have children	0.0	10.2	8.2	4.1	4.1
Desire to marry	5.6	8.2	4.1	2.0	2.0
Religious conversion	—	4.1	4.1	0.0	4.1
Ties to individuals outside terrorist group	77.8	69.4	N/A	N/A	N/A
Ties to non-radical individuals outside terrorist group	74.1	67.4	N/A	N/A	N/A
Friends and family convinced to leave	—	N/A	14.3	6.1	8.2
Others convinced to leave	—	N/A	16.3	10.2	6.1

Faktoren wie Beruf oder Ausbildung und der Wunsch, mehr Zeit für die Familie zu haben, von Bedeutung.

Das Gesamtergebnis legte eine besondere Relevanz der Push-Faktoren nahe, wobei Altier et al. diese Befunde dahin gehend interpretierten, dass vordergründig das Vorliegen eines Faktorenclusters (unerfüllte Erwartungen) die Wahrscheinlichkeit eines Ausstiegs erhöht.[39] Dieser Befund erscheint ob der Rolle der Gruppe als Realität sui generis plausibel, bedarf jedoch weiterer Untersuchungen (vgl. Jensen et al. 2019, S. 2 f.). Einerseits kann die Tatsache, dass über die Push-Faktoren öfter berichtet wurde, mit den Gesetzen der autobiografischen Berichterstattung, dem Schwerpunkt auf terroristischen Karrieren und der sozialen Erwünschtheit zusammenhängen. Zugleich scheinen die Aussteigenden im Gegensatz zu externen Beobachtungen öfter ihre aktive Entscheidungsfindung zu betonen, was in der Desistance-Forschung als „fundamentaler Attributionsfehler" mit Blick auf die Rolle des aktiven Subjekts interpretiert wird (Maruna und Farrall 2003, S. 180).

---

[39] „Our findings suggest that the experience of push rather than pull factors – especially disillusionment with the group's strategy or actions, disagreements with group leaders or members, disappointment with day-to-day tasks, and burnout – increase the likelihood terrorists will choose to leave and are more frequently reported as playing a large role in their exit decisions. Further, our findings indicate that a loss of faith in the ideology underpinning terrorist behavior (or „de-radicalization") is not one of the most commonly cited causes for disengagement, nor a prerequisite. Finally, our results suggest one's susceptibility to pull factors may be mitigated by level of ideological Commitment" (Altier et al. 2017, S. 307).

3.4 Befunde über Kontexte und Faktoren von Ausstieg und Deradikalisierung

Ein Großteil der autobiografischen Berichte stammte zudem aus der Feder der „kollektiv Ausgestiegenen", die sich in vielen Fällen anschließend an politischen Prozessen des jeweiligen Landes beteiligten. Vor diesem Hintergrund scheinen die Ablehnung terroristischer Taktiken und die Desillusionierung für dieses Cluster naheliegend. Nicht minder naheliegend ist es daher auch, dass es sich um einen Sample-Verzerrer handeln kann.
Andererseits wurden die relevanten Pull-Variablen uneinheitlich codiert. Es liegen bspw. keine Informationen über die Rolle sozialer Bindungen trotz ihrer deutlichen Präsenz vor. Überdies wäre – es sei an die „Analysen zum Terrorismus" erinnert – zu prüfen, welche Einflussgrößen jenseits der Ideologie miteinander korrelieren und die Ausstiegsprozesse beeinflussen: bspw. die Einstiegsmotivation, der Grad der Integration in die Gruppenstruktur, die Gruppenbeschaffenheit und -rolle, die Bindungsqualität innerhalb und außerhalb der extremistischen Formationen. Nichtsdestotrotz ist der Beitrag von Altier et al. (2017) angesichts der mehrheitlich allgemein beschreibenden Deradikalisierungsstudien von großer Relevanz. Dies gilt gleichermaßen für die Forschungen von Barrelle (2015), die anhand von 22 Interviews (14 ehemalige Mitglieder von Gewaltgruppen und acht Ehemalige ohne Gewalthintergrund) eine Reihe von Einflussgrößen identifizierte: die Desillusionierung über Anführer (30 %), die Desillusionierung über Gruppenmitglieder (25 %), das Burnout (19 %), exzessive Gewalt (16 %), die Desillusionierung über radikale Ideen und Methoden (jeweils 10 %). Zusammenfassend lassen sich somit zwei hervorstechende Faktorengruppen festhalten: die Ernüchterung/Enttäuschung über die tatsächliche Gruppenrealität sowie die Auswirkung von alternativen Loyalitäten und Bindungen.

Kriminologische Forschungen 4

Trotz Kritik an der Theorienbildung der Desistance-Forschung ist die kriminologische Auseinandersetzung in Bezug auf das Abstandnehmen vom kriminellen Verhalten bzw. den Ausstieg aus der Kriminalität und kriminellen Gangs eine nicht zu ignorierende Informationsquelle (Tonks und Stephenson 2018). Als Reaktion auf die einseitige Interpretation von kriminellen Karrieren beförderte dieser Forschungszweig einige wichtige theoretische Überlegungen und empirische Untersuchungen, die die Annahmen der Kontroll-, Lern- und Assoziationstheorien prüften (Laub und Sampson 2001). Zentral war dabei der bereits von den Klassikern der Kriminologie, Sheldon Glueck und Eleanor Glueck, festgestellte Zusammenhang zwischen der Abnahme von Kriminalität und den Reifungsprozessen. Im Unterschied zum rein biologischen Verständnis – Alter als hinreichender Erklärungsfaktor – betonten Glueck und Glueck (1974, S. 173 f.) die Notwendigkeit, die biologischen, intellektuellen und affektiven Korrelate der Reifungsprozesse zu studieren, um ihre Einflüsse auf die Distanzierung von kriminellem Verhalten zu verstehen. Zugleich zweifelten sie die Veränderung von Umweltbedingungen als hinreichende Bedingung an.

Im Gegensatz zu diesem *ontogenetischen* Verständnis hoben die *soziogenetischen* Erklärungsansätze – bspw. die Theorie der altersabhängigen informellen Sozialkontrolle, Theorien der differentiellen Kontakte bzw. Identifikation oder die Wechselwirkungstheorie – Bindungen an die (nicht-)delinquenten Sozialisationsinstanzen hervor, um die Prozesse der Hin- und Abwendung zu erklären. So postulierten etwa Sampson und Laub (1993), dass Bindungen an relevante Personen in Beruf, Partnerschaft oder Militärdienst im Rahmen der Wendepunkte krimineller Karrieren, auch unabhängig von Persönlichkeitsveränderungen zu positiven Effekten führen können (Bock 2019, S. 118). Bereits in der allgemeinen Diskussion ist dieses Argument auf Kritik gestoßen. Auch aus Sicht der Extremismus- und Terrorismusforschung sind Zweifel angebracht. So hat Sageman (2008, S. 60) herausgearbeitet, dass etwa drei viertel der von ihm analysierten Dschihadisten verheiratet und ein Großteil beruflich eingebunden waren.[1] Anscheinend ist nicht das reine Vorhandensein von familiären und beruflichen Bindungen entscheidend, sondern ihre Qualität und Stärke (LaFree und Miller 2008, S. 220).

In der Desistance-Forschung wurden als Reaktion auf die soziogenetischen Ansätze *kognitive* und *identitätsbasierte* Modelle und Theorien entwickelt, die die motivationalen Bedingungen für Distanzierungsprozesse reflektieren und die Theorien der rationalen Wahl bemühen. Maruna (2003, S. 6) wies bspw. darauf hin, dass Wendepunkte – abhängig von der kognitiven Offenheit der Betroffenen – unterschiedliche Effekte haben können. In der *Theory of cognitive transformation* gingen Giordano et al. (2002, S. 1000 f.) auf vier solche Typen von miteinander verflochtenen kognitiven Transformationen ein:

1. grundsätzliche Offenheit für Veränderung („a shift in the actor's basic openness to change"),
2. Wahrnehmen und Reaktion auf einen Wendepunkt („one's exposure to a particular hook or set of hooks")[2],
3. Gestaltung eines konventionellen (Ersatz-)Selbstbildes[3],
4. Neuinterpretation des kriminellen Verhaltens bzw. Lebensstils.[4]

Mit ihrer *Identity theory of desistance* hoben Paternoster und Bushway (2009) auf motivationale Prozesse ab, die den Übergang von einer aktuellen Identität zum „möglichen Selbst" im Zusammenhang mit der Kristallisation der Unzufriedenheit konturieren (vgl. Ashforth 2001). Im Mittelpunkt soll dabei eine rationale Wahl/Entscheidung des Subjekts stehen, das Kosten und Nutzen seines aktuellen Rollenmodells vor dem Hintergrund des „Feared Self" abwägt. Das „Feared

---

[1] Das Gegenteil ergab eine deutsche Auswertung von Heerlein (2014, S. 175 f.).

[2] „The actor must not only regard the new environmental situation as a positive development (e.g., experience high attachment to a spouse), but must also define the new state of affairs as fundamentally incompatible with continued deviation" (Giordano et al. 2002, S. 1001).

[3] „[…] a third type of cognitive transformation occurs when actors are able to envision and begin to fashion an appealing and conventional 'replacement self' that can supplant the marginal one that must be left behind" (Giordano et al. 2002, S. 1001).

[4] „The fourth type of cognitive change (the capstone) involves a transformation in the way the actor views the deviant behavior or lifestyle itself" (Giordano et al. 2002, S. 1002).

Self" repräsentiere all das, was die betroffene Person unter der Last der aktuellen Kosten des Engagements nicht werden möchte (vgl. auch die *Theorie der Schutzmotivation*).

„The process is a measured one and only occurs when perceived failures and dissatisfactions within different domains of life become connected and when current failures become linked with anticipated future failures. These failures include a sense that being an offender is no longer […] beneficial, that it is too dangerous, that the perceived costs of imprisonment loom more likely and greater, and that the costs to one's social relationships are too dear", so Paternoster und Bushway (2009, S. 1105).

Shover (1983, S. 208) lenkte die Aufmerksamkeit auf die Identitätstransformation aus kriminologischer Sicht und betonte, dass ein Krimineller über die Kosten-Nutzen-Abwägung hinaus eine neue Lebensperspektive entwickeln muss, um einen Distanzierungsprozess in die Wege leiten zu können. Er identifizierte vier Mechanismen, die in Verbindung mit dem Abstandnehmen von kriminellem Verhalten standen: (1) eine bessere Einschätzung der mit der Kriminalität zusammenhängenden Risiken, (2) das Bewusstwerden der Vergänglichkeit des Lebens, (3) die Entwicklung neuer Erwartungen und Wünsche, (4) die Veränderung der Selbsteinschätzung und der Einschätzung der anderen.

Im Rahmen eines *morphogenetischen* Ansatzes entwickelten Dufour et al. (2015, S. 495) anhand qualitativer Studien ein Stufenmodell der haftbedingten Distanzierung, das die oben genannten Paradigmen der Desistance-Forschung kombiniert: (1) auf der ersten Stufe der Initiierung einer Distanzierung muss eine strukturelle Öffnung erfolgen, d. h. es müssen umweltbezogene strukturelle Voraussetzungen vorhanden sein, die die „unprivilegierte Position" des Subjekts ausgleichen können (soziale Struktur); (2) im zweiten Schritt muss eine alternative soziale Identität entwickelt werden, die zu einer Transformation der personalen Identität führt (Struktur → Subjekt) und (3) in der dritten Stufe müssen sich die zentralen, die personale Identität rahmenden, Anliegen dahin gehend ändern, dass die betroffene Person sich selbst nicht mehr als kriminell, sondern als beitragend zur sozialen Struktur durch die Selbstkategorisierung als „Vater", „Ehemann" usw. sieht (Subjekt → soziale Struktur).[5] Zusammenfassend merkten die Autor*innen an:

---

[5]Ferguson und McAuley (2020, S. 5) bringen ein aussagekräftiges Zitat eines UVF-Aussteigers, das diese Dimensionen hervorhebt: "It stripped me completely from being a father, husband, brother, son, it stripped me of that identity, of what I was to other people, I became this person who was completely focused on the other side. Now, in hindsight, my biggest regret is quite simply that I put something before a wife and daughter […]".

„In summary, our data indicate that the initiation of the desistance process comes from the structure. Without possibilities to rectify their lives, no offender could desist. These possibilities inspire some offenders to take on new social identities. At this stage, probation officers and family relatives play a pivotal role as they may help offenders recognize the 'hooks for change' that are present in their environment or, said differently, correct their 'map of society'. Even though offenders may be reluctant or under-motivated at this point, it should not lessen their efforts toward desistance since changes need to be envisaged in a long-term perspective. Finally, it is on the last stage of the desistance process that agency is needed to maintain desistance. It is ultimately when offenders have been able to successfully endorse one or more prosocial identities (as father, husband, employee, etc.) that they must resolve that 'deviance is unacceptable from that point forward' […], and abandon their criminal social identities" (ebd.).

Somit betonen die meisten kognitiven und Identitätstheorien die Interpretation von auslösenden Ereignissen sowie die Motivation und Bereitschaft der Akteure für einen Identitätswandel. Diese Prozesse stellen intrinsische Neubewertungen dar, die der Unzufriedenheit eine Stimme geben und zum Rollenwechsel motivieren (Roman et al. 2017, S. 319).

Die eingehende Beschäftigung mit den Prozessen der Selbstkategorisierung, Identitätsfusion und Identitätsbildung liegt in der Definition des Desistance-Konstrukts begründet, denn die kriminologische Forschung unterscheidet drei Formen von Distanzierungsprozessen:

1. *primäre* oder Verhaltensdistanzierung (das Unterbrechen der Kriminalität),
2. *sekundäre* oder Identitätsdistanzierung (die Reorganisation der Selbstidentifikation) und
3. *tertiäre* oder relationale Distanzierung als Veränderung des Zugehörigkeitsgefühls (Maruna und Farrall 2003; McNeill 2006; Weaver 2019).

In Anlehnung an die Commitment-Forschung, die nicht nur die affektive und normative Ebene betont, sondern auch das Verbleib-Commitment, bestehend aus einer Abwägung von Kosten/Nutzen und vorhandenen Alternativen, eruiert, betonen die übergreifenden Desistance-Theorien nicht nur die Rolle des Subjekts (Agency) und der Bindungen an die relevanten Dritten (Communion[6]), sondern auch der gesellschaftlichen Reaktion auf die primäre und sekundäre Distanzierung. Die tertiäre Distanzierung hängt demgemäß mit der gesellschaftlichen

---

[6] „Communion is the establishment of community and interpersonal bonds, incorporating themes of love, caring, friendship and helping behaviours" (Maruna und Farrall 2003, S. 116).

De-Etikettierung zusammen, verstanden als „Zertifizierungsprozess" des Ausstiegs und das Gegenteil zu früheren Degradierungszeremonien (Maruna und Farrall 2003, S. 117; Christensen 2019). Im Gegensatz zu Deradikalisierungsstudien ging die Desistance-Forschung über die Ebene der postulierten Push- und Pull-Faktoren hinaus, da die kognitions- und identitätsbasierte Auseinandersetzung mit dem Ausstieg aus der Kriminalität zu dem Schluss verhalf, dass hinter den meisten Druck- und Zugfaktoren motivationale Elemente liegen, die den Ausstieg verursachen.[7] Einige Analysen im Kontext der Deradikalisierung vermengen diese Ebenen oder zeigen deren Wechselwirkungen nicht hinreichend auf.

Mit Blick auf Befunde der Gangforschung sei an dieser Stelle auf die Ergebnisse einer Metaanalyse dreier Studien – Google Ideas, Connect Survey und G.R.E.A.T. II – verwiesen (vgl. Tab. 4.1).

Die vergleichende Untersuchung arbeitete heraus, dass die am meisten angegebene Ursache für den Ausstieg mit der Desillusionierung zusammenhing (85 %, 89 % und 55 %). In der Google Ideas-Studie stellten familiäre Verantwortlichkeiten (57 %) den zweitwichtigsten Grund dar, gefolgt von beruflichen Pflichten (49 %) und Interventionen der Strafverfolgungsbehörden (49 %). Familiäre (38 %) und berufliche Pflichten (42 %) spielten in der Connect Survey ebenfalls eine wichtige Rolle, wurden jedoch seltener genannt als neue Freundeskreise (58 %). Die Viktimisierung der Gangmitglieder oder ihrer Angehörigen stellte sich als wirksamer Faktor heraus, blieb zugleich im mittleren Häufigkeitsbereich der Nennungen. Insgesamt gaben die Studienteilnehmer Kombinationen aus den Push- und Pull-Gründen für den Ausstieg an, deren Ausprägungen abhängig von Alterskohorten waren. In Google Ideas, deren Teilnehmer höheres Durchschnittsalter aufwiesen, wurde deutlich mehr über biographische Wendepunkte im Zusammenhang mit Familie und Beruf berichtet; in G.R.E.A.T. II mit der jüngsten Untersuchungsgruppe spielten vor allem Push-Faktoren aus dem Innenleben der Gang eine Rolle, wobei im Gegensatz zu Connect Survey und Google Ideas weniger auf Kombinationen von Gründen eingegangen wurde (Roman et al. 2017, S. 324). Im Gesamtkontext kann dies auf ein artefaktes Merkmal, auf die eingeschränkten Reflexionsfähigkeiten über soziale Zusammenhänge oder aber auf zerrüttete Familienverhältnisse der jugendlichen Gangmitglieder hindeuten.

---

[7] „The pushes and pulls of gang disengagement are a subjective component of the exit process – the studies describing pushes and pulls generally ask respondents to reflect on their reasons for leaving the gang or peer group. The reasons for leaving include both concrete factors (e.g., had a child, got a job) and subjective assessments of changes in the self (e.g., got tired of the lifestyle, it wasn't what I thought). Understanding these pushes and pulls helps organize thinking about positive and negative aspects of gang processes and disengagement" (Roman et al. 2017, S. 320).

Tab. 4.1 Push- und Pull-Faktoren für Ausstiege aus einer Gang. (Quelle: Roman et al. (2017, S. 323)

Study investigators	Decker and Pyrooz	Roman et al.	Carson et al.
Study name	Google ideas	Connect survey	G.R.E.A.T
Study characteristics	• Fresno, Los Angeles, Phoenix, and St. Louis • $N = 260$ former gang members[b] • Purposive, high-risk criminal justice sample, cross-sectional • Face-to-face interview	• Philadelphia and Washington DC • $N = 51$ former gang members • Purposive, gang-involved prospective • Self-administered survey in small groups	• Albuquerque, Chicago, Greeley, Nashville, Portland, Philadelphia, and Dallas-Fort Worth • $N = 473$ person-pooled former gang members[c] • School-based, prospective • Self-administered survey
Operationalization of former gang membership	Self-reported ever gang, but no longer active	Self-reported leaving criminal 'peer group' from Wave 1 at Wave 2 or 3	Prior self-reported active and no longer active
Mean age of sample	30 years (interview)	19.3 years (baseline)	12.5 years (baseline)
Time elapsed between survey and gang exit	6.4 years	Variable, <2 years	Variable, 1–4 years
Push reasons for leaving[b]			
Disillusionment (all forms)	85%	88.9%	55.4%
Grew out of the lifestyle	85%	75.6%	–
Just felt like it	–	–	42.3%
It wasn't what I thought	–	42.2%	21.8%
Bored	–	51.1%	–
Something happened that I didn't like	–	40.0%	–
Criminal justice involvement	49%	22.2%	–
Police harassment/pressure	38%	26.7%	23.9%
Victimization (all forms)	42%	31.1%	40.6%
Personal	–	22.2%	18.0%
Vicarious	–	26.7%	31.1% friend 16.7% family
Forced out by gang	–	11.1%	–
Gang fell apart	24%	–	–
Pull reasons for leaving[b]			
Familial responsibilities	57%	37.8%	–
Family left gang	17%	–	–
Job responsibilities	49%	42.2%	–
Made new friends	–	57.8%	30.2%
Moved (home or school)	34%	28.9%	13.5%
Significant other or adult	34%	40.0%	34.8%
Summary			
Total pushes (mean)	2.33	3.18	0.83
Total pulls (mean)	1.86	2.10	0.64
Total pushes/pulls (mean)	4.20	5.24	1.47
% pushes only	14%	4.4%	15.9%
% pulls only	5.0%	8.9%	33.2%
% pushes and pulls	78%	84.4%	43.8%

Zugleich erscheint als plausibel, dass die Relevanz der Wendepunkte mit dem Alter steigt.

Bilanz und Diskussion 5

5.1 Begriffe: Umfang und Inhalt

In allen Definitionsversuchen lassen sich mehr oder minder pointiert drei relevante Ebenen ausmachen: (1) das politisch induzierte (Gewalt-)Verhalten in Verbindung mit einer Milieuzugehörigkeit (real oder virtuell), (2) extremistische „Theorien", die die Gewaltanwendung durch die Lokalisation politischer/ideologischer/religiöser Aggressionsobjekte ermöglichen, und (3) affektiv-kognitive Korrelate dieser normativen Rechtfertigungssysteme in den Personen (bspw. Orientierungen, Intentionen, Werte). Vor diesem Hintergrund sind tatsächlich unterschiedliche begriffliche Rahmen für die Teilprozesse des Ausstiegs, der Distanzierung und der Deradikalisierung möglich. Wichtig wäre jedoch ihre unmissverständliche gegenstandsadäquate Konzeptualisierung und Operationalisierung im Hinblick auf *die* Kognitionen (bspw. Wahrnehmungsmuster und sozial-kognitive Informationsverarbeitung), *die* Intentionen (bspw. Verhaltenseinstellungen, subjektive Normen und Verhaltenskontrolle als Determinanten) und *das* Verhalten (bspw. bezüglich der Einstellungen als Determinanten des Verhaltens und des Verhaltens als Determinante von Einstellungen).

Der Ausstieg aus einer extremistischen Formation im Sinne einer Mitmachverweigerung – die Verweigerung der Mitgliedschaft oder der Einbindung in die Gruppenaktivitäten – unabhängig vom Distanzierungsgrad wäre die erste Möglichkeit, ein (Teil-)Ergebnis begrifflich zu fassen. Hierbei würde unter anderem betont werden, dass man nur aussteigen kann, wenn man Mitglied bzw. eingebunden ist. Die Distanzierung von Gruppen und Haltungen in einer „Phase der ersten

Annäherung" oder in einer „Phase der allmählichen Verfestigung" von Einstellungen stellt in dieser Hinsicht keinen Ausstieg dar (Möller 2016). Im Gegensatz zum unfreiwilligen Disengagement wird zugleich der intrinsische Gehalt des Distanzierungsprozesses hervorgehoben. Noch aussagekräftiger als eine Mitgliedschaft wäre allerdings das Konstrukt der Einbindung in die Gruppenaktivitäten (ihre Häufigkeit, Intensität usw.).

Mit Distanzierung wird in der Forschungsliteratur wiederum zweierlei gemeint: das Ablehnen von bestimmten Zielen oder eher Methoden und Taktiken als Voraussetzung für den Ausstieg einerseits und das Abstandnehmen im Sinne einer kritischen Distanz von der Warte eines alternativen Normensystems aus andererseits. Im ersten Fall kann die Distanzierung eine Funktion von ausstiegsbegünstigenden einstiegsrelevanten Motivlagen (positiv konnotierte Motivation politischen Engagements) oder etwa von ideologischen Zweifeln und gruppeninternen Problemlagen darstellen. Im zweiten Fall kann die Distanzierung von den früheren Verhaltensweisen als Indikator für Deradikalisierung gedeutet werden.

Unter den Begriff „Deradikalisierung" kann wiederum dreierlei subsumiert werden: (1) die Ablehnung von gewaltlegitimierenden Interpretationen/Skripte einer Ideologie im Sinne eines Rückzugs auf moderate ideologische Positionen (womöglich unter Beibehaltung des jeweiligen Zielsystems), (2) die Ablehnung der jeweiligen Ziele einer Trägerideologie und (3) das Ablegen einer radikalen Identität im Sinne einer prosozialen Selbstkategorisierung. Je nach Forschungsgegenstand und Phänomenbereich schwingen diese Ebenen in der wissenschaftlichen Diskussion mit, wobei das jeweilige Konstrukt nicht zwingend an Schärfe gewinnt.

Auch „Disengagement", verstanden als Los- bzw. Herauslösung, scheint nicht präzise genug umrissen zu sein, da in vielen Fällen verschiedene Größen wie Gründe, Methoden und auslösende Ereignisse für einen Ausstiegs- bzw. Distanzierungsprozess vermengt werden (bspw. intentionale/nicht intentionale oder physische/psychologische Loslösung). So ist die physische Herauslösung durch eine Festnahme, Inhaftierung oder einen „Rauswurf" aus der Gruppe alles andere als ein intentionaler Ablösungsprozess (Horgan 2008).

Denn im Sinne eines intentionalen Disengagements muss der „äußere" Grund per definitionem zum „inneren" bzw. zum motivationalen Grund werden, um eine Handlung herbeizuführen. Festnahmen, Inhaftierungen und Rauswürfe stellen als äußere Gründe Kontextfaktoren und auslösende Ereignisse dar, die – je nach Wirkungszusammenhang – zweierlei anstoßen können: die Distanzierung oder die weitere Radikalisierung. Im Gegensatz zu motivationalen Gründen zielen die normativen bzw. rechtfertigenden Gründe darauf, „ein bestimmtes Handeln oder Unterlassen zu rechtfertigen, also darzulegen, warum ein Akteur eine Handlung vornehmen bzw. unterlassen sollte oder hätte sollen" (Merkel 2018, S. 81). Erst das Zusammenwirken von motivationalen und normativen Elementen eines Handlungsgrundes macht die Interpretation der daraus resultierenden Handlung möglich. Die intrinsische Motivation – „Ich will hier raus!" – setzt in der Regel eine alternative normative Größe voraus: „Ich muss hier raus, weil…" („…ich meinen ‚Geschwistern' doch aus der Not helfen wollte, statt sie zu terrorisieren", „…ich kein krimineller Schläger bin, sondern ein ‚Aktivist'/‚Held'", „…diese Idiotentruppe unsere Idee profaniert", „…ich mir die Zukunft verbaue", „…ich meiner Familie schade", „…ich meinem Kind eine bessere Zukunft ermöglichen soll" usw. usf.). Das Vermengen solcher unterschiedlicher Wirkgrößen scheint der Deradikalisierungsforschung wenig dienlich zu sein.

Vor diesem Hintergrund sind die Einstiegsmotivation sowie die sich nach Persönlichkeitsdispositionen richtenden Gruppenrollen von Bedeutung (Riley und Schneider 2020). Der „Kriminelle" wird im Vergleich zum „Ideologen" wahrscheinlich „resilient" mit den notwendigen Abweichungen vom Dogma umgehen können, während der „Gewaltaktivist" ohnehin pragmatisch seinem blutigen Pfad der Tugend folgt und sich sicherlich von den internen Querelen nicht abschrecken lassen wird. Soll heißen: Die Motivation für den Einstieg und Verbleib sowie die Übernahme/Zuweisung von Gruppenrollen sind wichtige Variablen, die die Deradikalisierungsforschung nicht ausblenden darf (Bjørgo 2011; Altier et al. 2020; Moghaddam 2009; Nesser 2015).

Es ist augenscheinlich, dass der Inhalt der hier diskutierten Begriffe auch mit ihrem Umfang zusammenhängt – angefangen mit den Anwendungsbereichen wie „der" Terrorismus/Extremismus und P/CVE, DDRR, R/DD usw. (Schmid 2013, 42 ff.). Überdies sind kulturelle, strukturelle und politische Kontextfaktoren von großer Relevanz: In islamisch geprägten Staaten mit einem ausgeprägten religiösen Konsens mag es geboten und ausreichend sein, das Disengagement und die ideologische Deradikalisierung im weiteren Sinne als (religiös begründeten) Gewaltverzicht zu betreiben. In von Bürgerkriegen oder terroristischen Kampagnen geplagten Gesellschaften gilt dies gleichermaßen. In einem demokratischen Verfassungsstaat stellen demgegenüber die Werte der freiheitlich-demokratischen Grundordnung den normativen Referenzrahmen dar. Hier reicht es nicht aus, lediglich das Disengagement und Abstandnehmen von Gewalt als Ziel zu verfolgen; eher bedarf es eines Re-Engagements, um selbstwirksam im Einklang mit den geltenden Normen und Werten des (demokratischen) Gemeinwesens agieren zu können. Übereinstimmend bestimmen die einschlägigen Standards der Fachpraxis in Deutschland eine Deradikalisierung im engeren Sinne als Ziel der

Ausstiegsarbeit (Buchheit 2019, 199 f.). Dabei gilt die Distanzierung von früheren Bezugsgruppen und Verhaltensweisen als Etappenziel. Laut Altier et al. (2019, 17) ist die Korrelation zwischen den „starken" radikalen Überzeugungen (sowie „wenigen" Kontakten zu einschlägigen Gruppen) und der Gefahr eines Rückfalls signifikant:

> „Thus, while previous research suggests de-radicalization is not necessary for disengagement or even explains most disengagement decisions, we find deradicalization is critical in reducing the likelihood of reengagement".

Im Kontext der westlichen Demokratien kann ein Perspektivenwechsel – weg vom „Walking away" und Disengagement hin zum „Walking towards" und Re-Engagement – die Diskussion bereichern. Denn wenn wir die Radikalisierung in die extremistische Gewalt mit Albert Bandura (1999) als „Moral Disengagement" auffassen, dann stellt der Ausstieg als Re-Engagement – im Sinne der sozial-kognitiven Informationsverarbeitung und der aus extremistischen „Theorien" resultierenden Rechtfertigungsmuster – eine Wiedereingliederung in das differentielle moralische Selbstregulierungssystem dar, in deren Rahmen

- milieuspezifische moralische Rechtfertigungen ideologieinduzierter Delinquenz an Überzeugungskraft verlieren (inkl. der euphemistischen Aktionismussowie Einstellungsbeschreibungen und der vorteilhaften Vergleiche gegenüber negativen Bezugsgruppen),
- die persönliche Verantwortung nicht mehr geleugnet wird,
- negativen Konsequenzen des eigenen Handelns nicht mehr missachtet werden und
- die Schuldzuweisung nicht mehr ausschließlich extrapunitiv, d. h. nach außen gerichtet, erfolgt.

In dieser Perspektive erweist sich der Prozess der Deradikalisierung als eine verhaltensrelevante kognitive Transformation hin zu einer differentiellen normativen Identität mit einer mehr oder minder prosozialen Selbstkategorisierung – ein Zustand, der in der Kriminologie als sekundäre Distanzierung bzw. Distanzierung von radikalen Identitäten interpretiert wird (vgl. auch das *Fünf-Phasen-Modell der Radikalisierung* von Anthony Stahelski). Die nicht (mehr) radikale Ich-Identität stellt hier ein Bindeglied zwischen personaler und sozialer Identität dar (Christensen 2019). Zu beachten ist in diesem Zusammenhang eine weitere, nicht selten

5.2 Implikationen für die Fachpraxis

übersehene Wirkgröße: die tertiäre bzw. relationale Distanzierung, auch identifikative Integration genannt, als Aufbau eines Zugehörigkeitsgefühls infolge der Anerkennung einer neuen Identität durch Andere (Nugent und Schinkel 2016, S. 570). Als Operationalisierung der Deradikalisierung im Sinne des Re-Engagements ließen sich das Pro-Integrationsmodell und das Resonanzachsenmodell adaptieren (Cherney und Belton 2020).

5.2 Implikationen für die Fachpraxis

Im Hinblick auf praktische Implikationen sind die vorliegenden Forschungsbefunde teils widersprüchlich und noch nicht ausreichend (validiert). Während etwa Bjørgo (2009, S. 40) die Familiengründung mit neuen Verantwortlichkeiten gegenüber dem Ehepartner und Kindern bzw. Beziehungen und alternative Loyalitäten als stärkste Ausstiegsmotive betonte, sind Altier et al. (2017, S. 332) zufolge vordergründig Push-Faktoren ausschlaggebend (vgl. Roman et al. 2017: 33). Zahlreiche Studien bestätigten zugleich einen hohen Stellenwert von Familien[1] und nicht delinquenten Freundeskreisen für den Distanzierungsprozess (Grip und Kotajoki 2019, 16 f.; Hastings 2011; LaFree und Miller 2008, S. 211; Lösel et al. 2020, S. 66; Noricks 2009; Rieker 2014; Williams et al. 2016). Selbstverständlich handelt es sich hierbei nicht um Bindungen an Familie/Freunde an sich, sondern um deren prosoziale Qualität und die daraus resultierende Verantwortung der Betroffenen. Übereinstimmend arbeiteten Altier et al. (2019, S. 17) heraus, dass Familie und Beruf keine Schutzfaktoren darstellen, wenn „starke" radikale Überzeugungen und Kontakte zu terroristischen Gruppen vorliegen:

> „[…] even though important in the criminal context, social achievements are not statistically significant predictors of terrorist reengagement in the short-term once beliefs and connections are controlled for. This is not surprising given the role of ideology for certain terrorists and that commitment to a cause may supersede the desire for employment or family. Nevertheless, social achievements should not be discounted altogether as they may act as important sources of long-term ideological change and provide individuals with alternatives outside of terrorism".

---

[1] „Engaging family members is a key component of the PRISM intervention, as it is recognised that they are important to the offender's reintegration when released from prison. However, this was identified as a challenging and demanding task, because family members (e.g. spouses or children) can be dealing with their own psychological struggles, such as coping with the fact that their son, husband or father is incarcerated and dealing with their transition out of custody. Engagement often involved referring family members to external community-based service providers where necessary" (Cherney 2018, S. 15).

Die PIRUS-D3-Auswertung ergab jedoch für einen bedeutenden Teil des Samples das Gegenteil: „Positive advancements in socioeconomic standing and the birth of children after radicalization were present in the exit processes of approximately 50 % of the extremists in our sample" (Jensen et al. 2019, S. 2).

Zugleich kommt es darauf an, ob die relevanten Bezugspersonen über die notwendigen Ressourcen für deradikalisierende Einflüsse verfügen. Laut Farrall (2004) sind Ausstieg und Distanzierung erst möglich, wenn Individuen Zugänge haben zu (1) sozialem Kapital, d. h. zu wechselseitigen bestärkenden Beziehungen, (2) gemeinsamen „Ideologien", die durch stabile Beziehungen ermöglicht werden und der Festlegung von gegenseitigen Verpflichtungen dienen und (3) interpersonalen Normen und normativen Erwartungen, die ihrerseits das Erreichen von bestimmten Zielen ermöglichen oder das Commitment zur Gesellschaft fördern (vgl. auch die morphogenetischen Ansätze).

Die Bewertung der Relevanz von Push- und Pull-Faktoren krankt an statischen eindimensionalen Zuschreibungen, die wesentliche Wechselwirkungen und Einflussfaktoren außer Acht lassen. Die vergleichende Untersuchung von Roman et al. (2017) legt etwa die Vermutung nahe, dass die Altersvariable die Relevanz der Wendepunkte (Pull-Faktoren) erhöht. Überdies sind die Dauer des Verbleibs sowie der Grad der Einbindung in die Gruppenaktivitäten und die Qualität der externen Bindungen entscheidende Einflussgrößen. Des Weiteren kommt es auf die Rolle und die Radikalisierungsphase an, in der sich die jeweilige Person befindet. Es liegt nahe, dass die Wirkung beider Faktorengruppen in der Euphoriephase sowie der Phase des Fanatismus am geringsten bleibt.

Unabhängig davon bedarf die Distanzierungs- und Deradikalisierungsarbeit der Interventionen in beide Richtungen. So können etwa beim Bekanntwerden von Viktimisierungsfällen die zu Schaden gekommenen Personen angesprochen werden, um mögliche Zweifel am Sinn und Zweck des Gruppenverbleibs zu säen oder zu verstärken – vorausgesetzt, dass solche Fälle an Fachkräfte gemeldet werden und Interventionen zeitnah erfolgen. Auch andere Push-Faktoren können bei vorhandenen Anzeichen – etwa Gruppenkonflikte, Mobbing, wahrnehmbare Verunsicherung – adressiert werden. Als Voraussetzung gilt auch hier, dass die deradikalisierend wirkenden Fachkräfte zeitnah auf die jeweiligen Entwicklungen aufmerksam gemacht werden, was wiederum bedeutet, dass Angehörige und das soziale Umfeld von Betroffenen für die einschlägigen Signale sensibilisiert sein müssen.

Es sei an dieser Stelle auf die These von Harris et al. (2017, S. 17) hingewiesen, der zufolge die ausstiegsbegleitenden Interventionen vor allem die

5.2 Implikationen für die Fachpraxis

normativen, affektiven und *praktischen Diskrepanzen* zwischen der personalen und der Gruppenidentität bzw. zwischen der postulierten und tatsächlichen Gruppenrealität anvisieren sollten (vgl. Demant et al. 2008, S. 181):

> „Countering violent extremism programmes need to acknowledge that ideological debates are more about assisting those already on the way out, rather than instigating change, and as such, should consider focusing counter narratives on the socio-psychological aspects of group life. While there is a need to address the political, historical and violent aspects of extremist narratives, it is worth targeting social relationships, for example: (1) leadership's failure to act in accord with expectations and group norms; (2) failures of intra-group relationships (for example, the individual's lack of influence) or changing group dynamics; and (3) role conflict or performance".[2]

Mit Blick auf die Spezifizität deradikalisierender Interventionen und die Förderung der Ausstiegsmotivation gilt es überdies, die Empfehlung von Dalgaard-Nielsen (2013, S. 210) zu beherzigen:

> „Arguably, an external intervention should stay close to the potential exiter's own doubt, make the influence attempt as subtle as possible, use narratives and self-affirmatory strategies to reduce resistance to persuasion, and consider the possibility to promote attitudinal change via behavioural change as an alternative to seek to influence beliefs directly. A fixed curriculum, mandatory ideological re-education, and a strong reliance on the power of rhetoric and arguments – no matter how well-founded in reason and theology – on the other hand, is unlikely to provide a successful formula in a Western context."

Zugleich sei an die im Rahmen der Erforschung von Neuen Religiösen Bewegungen (NRB) gewonnenen Erkenntnisse über Zweifel als Ausstiegsbedingungen erinnert. Die einschlägigen Studien nahmen sich diesem Faktor multifaktoriell an und betonten, dass das Zweifeln als Push-Faktor nicht stark genug ist, um eine nachhaltige Ausstiegsmotivation zu generieren. Hierfür bedarf es vielmehr alternativer Netzwerke bzw. Identitätsangebote oder einer mit dem aktuellen Status unvereinbaren und unlösbaren Identitätskrise:

> „The findings suggest that the social selves in this study were good at resolving doubts and avoiding exit, and this is understood as related to their desire or need to avoid an 'identity crisis' and maintain their sense of self as a member of a group. Exit only occurred when an alternate 'other' or 'identity solution' became available in which

---

[2]Im Blick auf diese Maßnahmen drängt sich eine Analogie zu „Fünf Stufen der Deprogrammierung" auf.

they could anchor their sense of self, or when group level changes caused a 'crisis' that could not be resolved through sustained commitment" (Coates 2013, 318 f.).

In diesem Zusammenhang und vor dem Hintergrund kriminologischer Befunde erscheint es konsequent, dass die Deradikalisierungsmaßnahmen etwa im britischen Strafvollzug primär auf zwei Arten von Interventionen aufbauen: „Healthy Identity Intervention (HII)" und „Motivational and Engagement Intervention (MEI)" (vgl. den *Ansatz der kognitiven Repluralisierung* von Aaron Beck sowie das *Verfahren der kognitiven Restrukturierung* von Albert Ellis und den *Ansatz des motivationalen Interviews*). Auch in Deutschland gewinnt die Identitätsarbeit an Bedeutung (Moussa Nabo et al. 2020). Erwähnenswert ist überdies das von der Universitätsklinik Zürich 2015 entwickelte Radikalisierung-Interventionsprogramm in der Jugendforensik (RADIP-JF).

Da die sozialen Ressourcen für den Ausstiegsprozess, zur Überwindung der „Schmerzen des Ausstiegs" und zum Aufbau einer alternativen Identität von besonderer Relevanz sind, sind die auf die Stärkung sozialer Bindungen gerichteten Maßnahmen von herausragender Bedeutung. Die auf die Aktivierung der Pull-Faktoren und Schaffung von alternativen Angeboten gerichteten Interventionen sollen daher Bindungen an die prosozialen Institutionen in der Gemeinschaft – Familie, nicht delinquente Freundeskreise, Ausbildung und Beruf – sowie an signifikante Andere ermöglichen bzw. fördern (Roman et al. 2017, 326 f.).

5.3 Implikationen für weitere Forschungen

Es erscheint als problematisch, dass viele in der Deradikalisierungsforschung als „Ursachen" für den Ausstieg festgestellte Faktorengruppen eher allgemein gehaltene Taxonomien darstellen, die zwar auf eine Korrelation hindeuten, zugleich jedoch atheoretisch bleiben. Kausale Annahmen erweisen sich unter solchen Bedingungen als problematisch. Es ist überdies nicht immer klar, ob es sich bei den postulierten Pushs/Pulls tatsächlich um Druck- und Zugfaktoren oder womöglich doch um auslösende Ereignisse (Trigger) handelt, die die motivationalen Gründe neu konturieren. Forschungen, die dem weit verbreiteten Push-/Pull-Ansatz folgen, legen die den Ausstiegsprozessen zugrunde liegenden Mechanismen und Dynamiken sowie Wechselwirkungen (Interplay) zwischen verschiedenen Faktoren selten offen. Es ist im Rahmen dieses statisch-strukturellen Ansatzes scheinbar kaum möglich:

5.3 Implikationen für weitere Forschungen

„We focused our analysis on specific push/pull factors because this approach is the dominant framework in the existing literature on [...] disengagement. However, as noted by Altier et al. [2014], the disengagement process is likely to be much more dynamic and interactive than the framework suggests", so Altier et al. (2017, S. 332).

In der kriminologischen Auseinandersetzung mit dem Abstandnehmen von kriminellem Verhalten gelingt es demgegenüber, Korrelationen zwischen den Zug- und Druckfaktoren sowie unterschiedlichen Methoden und Folgen des Ausstiegs aufzuzeigen (Carson et al. 2013; Pyrooz und Decker 2011). Auch in dieser Hinsicht scheint die Innovation eine Frage der Methodik zu sein. Das Argument von Roman et al. (2017, S. 321) hinsichtlich der Auslöser und Motive für den Ausstieg gilt auch mit Blick auf extremistische Personenzusammenschlüsse und radikale Subkulturen der Gewalt:

„It is important to distinguish between identity-based motives and push/pull factors, because when they operate in concert, individuals are most likely amenable to messages of disengagement [...]. For example, the birth of a child is not always an effective mechanism for promoting gang disengagement. Only when the birth of that child creates a motive – perhaps in the desire to see the child grow up or create a better life for the child – is it effective as a pull factor in promoting disengagement. The intersection of push factors and motives illustrates this point as well. Gang members experience and create violence on a regular basis, and some have argued [...] that violence is a defining hallmark of life in the gang. But not all violence produces a push to disengage from the gang because it is not accompanied by a complementary motive that leads to steps toward disengagement. Such a factor must be sufficiently salient to produce a motive for disengagement".

Vor diesem Hintergrund benötigt die Deradikalisierungsforschung elaborierte interaktionistische Modelle und bessere Operationalisierungen von Konstrukten der zu erforschenden Phänomene. Der Forschungsbefund aus der Studie von Altier et al. (2017, S. 326), dem zufolge die Pull-Faktoren als Wirkgrößen vordergründig vom ideologischen Commitment abhängen sollen, wobei vor allem die Push-Faktoren Ausstiege erklären, bedarf weiterer multifaktorieller Untersuchungen (Altier et al. 2019; Ferguson 2016, 2020; Swann et al. 2009).[3] Grundsätzlich sollte die Deradikalisierungsforschung eine Inventur ihrer Befunde vornehmen,

---

[3] „This supports the idea that commitment to a group and the likelihood of exit is not only influenced by push/pull factors, but also by satisfaction with involvement, the alternatives available, and the investments made. The fact that push factors (which affect primarily the satisfaction component) were more commonly associated with disengagement than pull factors (which affect primarily the alternatives component) lends support to extensions of Rusbult's model that argue the satisfaction component may be more pivotal in explaining exit decisions than

bevor Empfehlungen für die Fachpraxis und die Terrorismusbekämpfungspolitik formuliert werden.[4]

Welche Ansätze lassen sich in der Ausstiegs- und Deradikalisierungsforschung jenseits der statisch-strukturellen Pushs und Pulls gewinnbringend einsetzen? Einerseits können die beschriebenen kognitiven und identitätsbasierten Modelle der Desistance-Forschung weiterentwickelt werden. Auch die Exit-Theorie kann in Verbindung mit dem Investitionsmodell eine vielversprechende Untersuchungsanlage ermöglichen (Christensen 2019). Das Commitment ließe sich in Anlehnung an Sweeten et al. (2013, 478 f.) als der Grad der Einbindung in die Gruppe operationalisieren: etwa durch Kontakthäufigkeit, die Position in der Gruppe, die Wichtigkeit der Gruppe für den/die Betroffene/n, die Anzahl der Freunde in der Formation und die Häufigkeit gemeinsamer (illegaler) Aktivitäten. Wichtig wären zeitabhängige Variablen wie etwa das Zusammenleben mit einem/r Partner/in, Kinder, der Beruf und die Arbeitszeiten, die die Bindungsqualität an die Sozialisationsinstanzen außerhalb der Gruppe abbilden. Des Weiteren wären Faktoren wie die Gruppenerwartung (Bindung der Mitglieder durch Gruppen), der Organisationsgrad (bspw. Regeln, Sanktionen) und die in die Gruppe investierten zeitlichen Ressourcen zu messen, um über die reine Mitgliedschaft hinaus die Bindungskraft der Gruppe zu prüfen, die sich ausstiegshemmend erweist (Sweeten et al. 2013, S. 478). Relevante soziometrische Dimensionen für die Kennzeichnung der Gruppenstrukturen sowie gruppenbezogenen Druck- und Zugfaktoren wären nach Groebel und Feger (1982, 396 f.):

1. Engagement der Gruppenmitglieder,
2. Gewissenhaftigkeit gegenüber Freude an gemeinsamen Aktionen,

---

alternative quality. Related, we offer preliminary evidence that ideology may play an important role in binding individuals to groups by increasing satisfaction with involvement and lessening susceptibility to pull factors" (Altier et al. 2017, S. 331).

[4]So scheinen die Empfehlungen von Altier et al. (2017, S. 332) zu unspezifisch zu sein und sie blenden die Maßnahmenvielfalt der Terrorismusbekämpfungspolitik aus; zudem stellt sich die Frage nach Methoden zur Beeinflussung/Förderung von „unerfüllten Erwartungen" der Terroristen: „[…] our results suggest that counterterrorism policies focused on influencing the most prevalent push factors may be more effective in persuading terrorists to disengage than those that rely solely on influencing pull factors. Efforts to de-radicalize individuals may persuade some to leave and make others more susceptible to potential pulls, but in our sample nearly half of those who chose to walk away from terrorism did so still very committed to the ideology, and some members were never committed to the ideology to begin with. Finally, although pull factors were not a common cause of disengagement in our sample, they were pivotal for some and should not be completely discounted. Pull factors may also play a critical role in terrorist rehabilitation and re-integration and in deterring re-engagement."

5.3 Implikationen für weitere Forschungen

3. Zufriedenheit mit der Kontrolle gruppenexterner Gegebenheiten,
4. Zufriedenheit mit und Freude an der Gruppe,
5. Schwierigkeiten und Koordinationsmängel,
6. Deutlichkeit von Führungspositionen,
7. Kohäsion, Zusammenhalt oder Zusammengehörigkeitsgefühl der Gruppe und ihrer Mitglieder,
8. Abgeschlossenheit der Gruppe gegenüber Eingebettetheit in und Aufgeschlossenheit für übergeordnete oder größere Formationen.

Darüberhinausgehend haben Windisch et al. (2019) eine beachtenswerte Operationalisierung des Commitments anhand des integrativen Modells des organisationalen Vertrauens und der Theorie des psychologischen Vertrages vorgeschlagen, die auf die Ebenen der Kompetenzen, der Integrität und des Wohlwollens/der Loyalität abheben (vgl. die Hypothesen von Harris et al. 2017).

Es wäre darüber hinaus nicht nur interessant, sondern auch von höchster praktischer Relevanz, mehr über die Ausstiegsmethoden bzw. -formen und die damit zusammenhängenden Folgen für Betroffene zu erfahren (Carson et al. 2013; Mattsson und Johansson 2019; Pyrooz und Decker 2011). Zudem bedarf die Deradikalisierungsforschung belastbarer Aussagen über endogene und exogene Bedingungen, die die Transitions- und Transformationsprozesse verhindern (Ferguson und McAuley 2020).

Zugleich ließe sich der Push-/Pull-Ansatz um eine weitere, dynamischprozessuale Dimension, d. h. um Trigger bzw. auslösende Ereignisse, die die Rahmenbedingungen neu konturieren, ergänzen. Hierbei müssten die ausstiegsbegünstigenden Faktoren aus der Einstiegsphase genauso berücksichtigt werden wie die gruppenbezogenen Variablen und die Radikalisierungsgrade/Rollen der Betroffenen. Insgesamt ergeben sich in dieser Perspektive jeweils zwei Paare von ausstiegshemmenden und ausstiegsfördernden Zug- und Druckfaktoren, die – bedingt durch Trigger – von Seiten der radikalen Gruppe und der Mehrheitsgesellschaft auf die Betroffenen einwirken. Wichtig wäre zugleich eine Unterscheidung zwischen den Auslösern, den ausstiegsfördernden sowie ausstiegshemmenden Bedingungen und den motivationalen Gründen, die in vielen Fällen kaum stattfindet. Dergestalt kann jedoch die wichtigste Frage der Ausstiegs- und Deradikalisierungsforschung kaum beantwortet werden: Wie erzeugen die ausstiegsbegünstigenden und ausstiegsfördernden Bedingungen im Zusammenspiel mit den situativen Auslösern eine Ausstiegsmotivation? Alles in allem stellt dieser Ansatz eine Adaption der oben beschriebenen Untersuchungsanlage der „Analysen zum Terrorismus" dar. Um ernstzunehmende Befunde generieren zu können, bedarf es zugleich – zugegebenermaßen anspruchsvoller im Blick auf die Datenerhebung und Forschungsansätze – Forschungen mit Vergleichsgruppen (bspw. kollektiver und individueller Ausstieg, Ausgestiegene und in der Gruppe Verbliebene, Ausstiegsbedingungen je nach Gruppenrolle/Idealtyp und Ideologisierungsgrad, Ausstiegsbedingungen je nach extremistischen Formationen/Motivationen).

Abschließende Bemerkungen 6

Abschließend lässt sich festhalten, dass die Ausstiegsstudien auf eine lange Tradition zurückblicken. Sowohl die Kriminologie als auch die Sekten- und Terrorismusforschung konnten in den 1980/1990er Jahren wichtige Befunde erarbeiten, die zum besseren Verständnis der hier diskutierten Fragestellungen beitragen. Auch die angewandte Distanzierungsforschung hält einige beachtenswerte Modelle parat. Demgegenüber bleibt der Innovationsgrad der Post-9/11-Deradikalisierungsforschung eher gering (Hansen 2020, S. 36 ff.). Erinnert sei an die lesenswerte Studie von Altier et al. (2017), deren Schlussfolgerungen von den Autoren selbst insofern eingeschränkt wurden, als sie darauf hinweisen mussten, dass der ausgewählte, die zeitgenössische Forschung dominierende Push–Pull-Ansatz die Dynamiken des Ausstiegs nicht hinreichend abbilden kann.

Verglichen mit der Forschungsaktivität im angelsächsischen Raum sind die Forschungsbemühungen in Deutschland noch schwächer ausgeprägt. Einerseits gelingt es der Wissenschaft eher mäßig, relevante Daten in einem ausreichenden Umfang zu erheben, und/oder die Fachpraxis zu aktivieren, um im Rahmen der Forschungsvorhaben dringend notwendige Synergieeffekte zu erzeugen (van de Wetering und Zick 2018). Während in der seit Jahrzehnten bestehenden Fachpraxis in Deutschland deradikalisierende Maßnahmen ergriffen werden, bleibt die wissenschaftliche Reflexion von Ausstieg und Deradikalisierung hinter den Bedürfnissen bzw. Erwartungen der Deradikalisierungspraxis zurück – auch weil multivariate Analyseverfahren und erklärende Theorien in der zeitgenössischen Deradikalisierungsforschung nach wie vor viel zu wenig zur Anwendung kommen.

Die „Stagnation" der Terrorismus- und Deradikalisierungsforschung trägt unter anderem dazu bei, dass die jeweiligen Forschungsbefunde kaum Innovationen zu befördern oder eine solide Grundlage für den weiterführenden Wissenschaft-Praxis-Dialog zu schaffen vermögen. Andererseits scheint die Fachpraxis aus verschiedenen Gründen mit Schwierigkeiten konfrontiert zu sein, die Erfahrungswerte und die vorhandenen Daten einer über die einzelnen deskriptiven Fallanalysen hinausgehenden wissenschaftlichen Analyse zu unterziehen.

Es ist daher etwas verwunderlich, dass es trotz zahlreicher Aussteiger- sowie Deradikalisierungsprogramme und Fördermöglichkeiten in Deutschland kaum gelungen ist, ein Forschungsprogramm (1) mit einem mehrfaktoriellen Untersuchungsdesign auf die Beine zu stellen, in dem (2) im Rahmen einer triangulierenden Forschung-Praxis-Kooperation (3) komplexe Wirkungszusammenhänge bei Distanzierungs- und Ausstiegsprozessen (4) aus verschiedenen extremistischen Formationen (5) anhand einer ernstzunehmenden Fallzahl (6) mit belastbaren Methoden untersucht werden konnten, um erklärende Theorien zu formulieren.

Literatur

Aho, James A. (1988): Out of hate: A sociology of defection from neo-Nazism. In: Current Research on Peace and Violence, 11 (4), S. 159–168.

Altier, Mary Beth; Leonard Boyle, Emma; Horgan, John G. (2019): Returning to the Fight: An Empirical Analysis of Terrorist Reengagement and Recidivism. In: Terrorism and Political Violence, DOI: https://doi.org/10.1080/09546553.2019.1679781.

Altier, Mary Beth; Leonard Boyle, Emma; Horgan, John G. (2020): Terrorist Transformations: The Link between Terrorist Roles and Terrorist Disengagement. In: Studies in Conflict and Terrorism, DOI: https://doi.org/10.1080/1057610X.2019.1700038.

Altier, Mary Beth; Leonard Boyle, Emma; Shortland, Neil D.; Horgan, John G. (2017): Why They Leave: An Analysis of Terrorist Disengagement Events from Eighty-seven Autobiographical Accounts. In: Security Studies 26 (2), S. 305–332. DOI: https://doi.org/10.1080/09636412.2017.1280307.

Altier, Mary Beth; Thoroughgood, Christian N.; Horgan, John G. (2014): Turning away from terrorism. In: Journal of Peace Research 51 (5), S. 647–661. DOI: https://doi.org/10.1177/0022343314535946.

Ashforth, B. E. (2001): Role transitions in Organisational life: An Identity-Based Perspective. Hillsdale, NJ: Lawrence Erlbaum.

Baaken, Till; Becker, Reiner; Bjørgo, Tore; Kiefer, Michael; Korn, Judy; Mücke, Thomas; Ruf, Maximilian; Walkenhorst, Dennis (2018): Herausforderung Deradikalisierung: Einsichten aus Wissenschaft und Praxis (PRIF Report, 9). Frankfurt/M.

Baaken, Till; Korn, Judy; Ruf, Maximilian; Walkenhorst, Dennis (2020a): Dissecting Deradicalization: Challenges for Theory and Practice in Germany. In: International Journal of Conflict and Violence, 14, S. 1–18. DOI: https://doi.org/10.4119/ijcv-3808

Baaken, Till; Ruf, Maximilian; Selby, Anne; Walkenhorst, Dennis (2020b): „Blinde Flecken" in der Distanzierungsbeobachtung? Erste Zwischenergebnisse des Projekts DISLEX 3D, Berlin.

Baeyer-Katte, Wanda; Claessens, Dieter; Feger, Hubert; Neidhardt, Friedhelm (1982): Gruppenprozesse. Wiesbaden: VS Verlag für Sozialwissenschaften (Analysen zum Terrorismus 3).

Bandura, Albert (1999): Moral disengagement in the perpetration of inhumanities. In: Personality and social psychology review, 3 (3), S. 193–209. DOI: https://doi.org/10.1207/s15327957pspr0303_3.
Barrelle, Kate (2015): Pro-integration: disengagement from and life after extremism. In: Behavioral Sciences of Terrorism and Political Aggression 7 (2), S. 129–142. DOI: https://doi.org/10.1080/19434472.2014.988165.
Bjørgo, Tore (2002): Reducing Recruitment and Promoting. Disengagement from Racist Groups, Oslo.
Bjørgo, Tore (2009): Processes of disengagement from violent groups of the extreme right. In: Tore Bjørgo, John Horgan (Hg.): Leaving Terrorism Behind: Individual and Collective Disengagement. New York: Routledge, S. 30–48.
Bjørgo, Tore (2011): Dreams and disillusionment: engagement in and disengagement from militant extremist groups. In: Crime Law Social Change 55 (4), S. 277–285. DOI: https://doi.org/10.1007/s10611-011-9282-9.
Bjørgo, Tore (2013): Strategies for preventing terrorism. Basingstoke, New York: Palgrave Macmillan (Palgrave pivot).
Bjørgo, Tore (2016): Preventing Crime. A Holistic Approach. Palgrave Macmillan.
Bjørgo, Tore; Horgan, John (2009): Leaving terrorism behind. Individual and collective disengagement. Milton Park, Abingdon, Oxon, New York: Routledge (Cass series on political violence).
Bock, Michael (2019): Kriminologie. München: Verlag Franz Vahlen (Vahlen Jura Lehrbuch).
Bubolz, Bryan F.; Simi, Pete (2015): Leaving the World of Hate. In: American Behavioral Scientist 59 (12), S. 1588–1608. DOI: https://doi.org/10.1177/0002764215588814.
Buchheit, Frank (2019): Resonanzachsen und ideologische Deradikalisierung. In: Erich Marks (Hg.): Gewalt und Radikalität. Ausgewählte Beiträge des 23. Deutschen Präventionstages. Mönchengladbach, S. 199–216.
Carson, Dena C.; Peterson, Dana; Esbensen, Finn-Aage (2013): Youth Gang Desistance. In: Criminal Justice Review 38 (4), S. 510–534. DOI: https://doi.org/10.1177/0734016813511634.
Ceylan, Rauf; Kiefer, Michael (2013): Salafismus. Fundamentalistische Strömungen und Radikalisierungsprävention. Wiesbaden: Springer VS.
Ceylan, Rauf; Kiefer, Michael (2018): Radikalisierungsprävention in der Praxis. Antworten der Zivilgesellschaft auf den gewaltbereiten Neosalafismus. Wiesbaden: Springer VS.
Cherney, Adrian; Belton, Emma (2020): Assessing intervention outcomes targeting radicalised offenders: Testing the pro integration model of extremist disengagement as an evaluation tool. In: Dynamics of Asymmetric Conflict, 13:3, S. 193–211, DOI: https://doi.org/10.1080/17467586.2019.1680854
Chernov Hwang, Julie (2017): The Disengagement of Indonesian Jihadists: Understanding the Pathways. In: Terrorism and Political Violence 29 (2), S. 277–295. DOI: https://doi.org/10.1080/09546553.2015.1034855.
Chernov Hwang, Julie; Panggabean, Rizal; Fauzi, Ihsan Ali (2013): The Disengagement of Jihadis in Poso, Indonesia. In: Asian Survey 53 (4), S. 754–777. DOI: https://doi.org/10.1525/as.2013.53.4.754.
Christensen, Tina Wilchen (2019): Former Right-Wing Extremists' Continued Struggle for Self-transformation After an Exit Program. In: Outlines: Critical Practice Studies, 20 (1), S. 4–25.

Clubb, Gordon (2014): "From Terrorists to Peacekeepers": The IRA's Disengagement and the Role of Community Networks. In: Studies in Conflict & Terrorism 37 (10), S. 842–861. DOI: https://doi.org/10.1080/1057610X.2014.941434.

Coates, Dominiek D. (2013): Disaffiliation from a New Religious Movement: The Importance of Self and Others in Exit. In: Symbolic Interaction 36 (3), S. 314–334. DOI: https://doi.org/10.1002/SYMB.60.

Colaert, Lore (Hg.) (2017): 'De-radicalisation'. Scientific insights for policy, Brussels.

Cragin, R. Kim (2014): Resisting Violent Extremism: A Conceptual Model for Non-Radicalization. In: Terrorism and Political Violence 26 (2), S. 337–353. DOI: https://doi.org/10.1080/09546553.2012.714820.

Cronin, Audrey Kurth (2009): How Terrorism Ends. Understanding the Decline and Demise of Terrorist Campaigns. Princeton: Princeton University Press.

Dalgaard-Nielsen, Anja (2013): Promoting Exit from Violent Extremism: Themes and Approaches. In: Studies in Conflict & Terrorism 36 (2), S. 99–115. DOI: https://doi.org/10.1080/1057610X.2013.747073.

Dalgaard-Nielsen, Anja (2018): Patterns of Disengagement from Violent Extremism: A Stocktaking of Current Knowledge and Implications for Counterterrorism. In: Kristian Steiner, Andreas Önnerfors (Hg.): Expressions of Radicalization. Cham: Springer International Publishing, S. 273–293.

De Ahna, Karen (1982): Wege zum Ausstieg. Fördernde und hemmende Bedingungen. In: Wanda von Baeyer-Katte, Dieter Claessens, Hubert Feger, Friedhelm Neidhardt: Gruppenprozesse (= Analysen zum Terrorismus 3). Opladen: Westdeutscher Verlag, S. 478–521.

Dean, Cristopher (2014): The Healthy Identity Intervention: The UK's development of a psychologically informed intervention to address extremist offending. In: Andrew Silke (Hg.): Prisons, Terrorism and Extremism: Critical Issues in Management, Radicalisation and Reform. Oxford: Routledge, S. 89–107.

Dechesne, Mark (2011): Deradicalization: not soft, but strategic. In: Crime Law Soc Change 55 (4), S. 287–292. DOI: https://doi.org/10.1007/s10611-011-9283-8.

Decker, Scott H.; Pyrooz, David C.; Moule, Richard K. (2014): Disengagement From Gangs as Role Transitions. In: Journal of Adolescent Research 24 (2), S. 268–283. DOI: https://doi.org/10.1111/jora.12074.

Decker, Scott H.; Van/Winkle, Barrik (1996): Life in the gang. Family, friends, and violence. Repr. Cambridge: Cambridge Univ. Press (Cambridge criminology series).

Della Porta, Donatella (1995): Social movements, political violence, and the state. A comparative analysis of Italy and Germany. Cambridge: Cambridge University Press (Cambridge studies in comparative politics).

Della Porta, Donatella (2013): Clandestine political violence. Cambridge: Cambridge University Press.

Demant, Froukje; Slootman, Marieke; Buijs, Frank; Tillie, Jean (2008): Decline and Disengagement. An Analysis of Processes of Deradicalisation, IMES, Amsterdam.

Dietrich, Kai (2016): Radikalisierungsprävention und Deradikalisierung als pädagogische Arbeitsfelder. Online: https://www.bpb.de/politik/extremismus/rechtsextremismus/236720/paedagogische-arbeitsfelder (4. November 2016).

Dufour, Isabelle; Brassard, Renée; Martel, Joane (2015): An integrative approach to apprehend desistance. In: International journal of offender therapy and comparative criminology 59 (5), S. 480–501. DOI: https://doi.org/10.1177/0306624X13509781.

Ebaugh, Helen Rose Fuchs (1998): Becoming an ex. The process of role exit. Chicago: Univercity of Chicago Press.

El-Said, Hamed; Harrigan, Jane (2012): Deradicalising violent extremists: Counter-radicalisation and deradicalisation programmes and their impact in Muslim majority states. London; New York: Routledge.

Farrall, Stephen (2004): Rethinking what works with offenders. Probation, social context and desistance from crime. Cullompton: Willan Publishing.

Farrall, Stephen; Sharpe, Gilly; Hunter, Ben; Calverley, Adam (2011): Theorizing structural and individual-level processes in desistance and persistence: Outlining an integrated perspective. In: Australian & New Zealand Journal of Criminology 44 (2), S. 218–234. DOI: https://doi.org/10.1177/0004865811405136.

Farrington, David P. (2007): Advancing Knowledge About Desistance. In: Journal of Contemporary Criminal Justice 23 (1), S. 125–134. DOI: https://doi.org/10.1177/1043986206298954.

Ferguson, Neil (2011): Disengaging from terrorism. In: Andrew Silke (Hg.): The Psychology of Counter-Terrorism, London, 111–122.

Ferguson, Neil (2016): Disengaging from terrorism: A Northern Irish experience. In: Journal for Deradicalization, 6, S. 1–23. Online: https://journals.sfu.ca/jd/index.php/jd/article/view/41/36 (16. Juli 2020).

Ferguson, Neil; Burgess, Mark; Hollywood, Ian (2015): Leaving Violence Behind: Disengaging from Politically Motivated Violence in Northern Ireland. In: Political Psychology 36 (2), S. 199–214. DOI: https://doi.org/10.1111/pops.12103.

Ferguson, Neil/McAuley, James W. (2020): Staying Engaged in Terrorism: Narrative Accounts of Sustaining Participation in Violent Extremism. In: Frontiers in Psychology, Volume 11, S. 1–10.

Fox, Chris; Marsh, Caroline (2016): Operationalising desistance through personalisation. In: European Journal of Probation 8 (3), S. 185–206. DOI: https://doi.org/10.1177/2066220316683132.

Freilich, Joshua D.; Chermak, Steven M.; Caspi, David (2009): Critical events in the life trajectories of domestic extremist white supremacist groups. In: Criminology & Public Policy 8 (3), S. 497–530. DOI: https://doi.org/10.1111/j.1745-9133.2009.00572.x.

Friedrichs, Jürgen; Mayer, Karl Ulrich; Schluchter, Wolfgang; Oberwittler, Dietrich; Karstedt, Susanne (Hg.) (2004): Soziologie der Kriminalität. Wiesbaden: VS Verlag für Sozialwissenschaften (Kölner Zeitschrift für Soziologie und Sozialpsychologie Sonderhefte).

Frindte, Wolfgang; Geschke, Daniel; Haußecker, Nicole; Schmidtke, Franziska (Hg.) (2016): Rechtsextremismus und „Nationalsozialistischer Untergrund". Wiesbaden: Springer Fachmedien Wiesbaden.

Gadd, David (2006): The role of recognition in the desistance process. In: Theoretical Criminology 10 (2), S. 179–202. DOI: https://doi.org/10.1177/1362480606063138.

Gill, Paul; Bouhana, Noemie; Morrison, John: (2015): Individual Disengagement from Terrorist Groups. In: Caroline Kennedy-Pipe, Gordon Clubb, Simon Mabon (Hg.): Terrorism and Political Violence, London: Sage Publications Ltd.

Giordano, Peggy C.; Cernkovich, Stephen A.; Rudolph, Jennifer L. (2002): Gender, Crime, and Desistance: Toward a Theory of Cognitive Transformation. In: American Journal of Sociology 107 (4), S. 990–1064. DOI: https://doi.org/10.1086/343191.

Glueck, Sheldon; Glueck, Eleanor Touroff (1974): Delinquency and crime. Springfield: Charles C. Thomas Pub.

Gøtzsche-Astrup, Oluf (2018): The time for causal designs: Review and evaluation of empirical support for mechanisms of political radicalisation. In: Aggression and Violent Behavior 39, S. 90–99. DOI: https://doi.org/10.1016/j.avb.2018.02.003.

Graaf, Beatrice de; Malkki, Leena (2010): Killing it Softly? Explaining the Early Demise of Left-Wing Terrorism in the Netherlands. In: Terrorism and Political Violence 22 (4), S. 623–640. DOI: https://doi.org/10.1080/09546553.2010.499274.

Grip, Lina; Kotajoki, Jenniina (2019): Deradicalisation, disengagement, rehabilitation and reintegration of violent extremists in conflict-affected contexts: a systematic literature review. In: Conflict, Security & Development 19 (4), S. 371–402. DOI: https://doi.org/10.1080/14678802.2019.1626577.

Groebel, Jo; Feger, Hubert (1982): Analyse von Strukturen terroristischer Gruppierungen. In: Wanda von Baeyer-Katte, Dieter Claessens, Hubert Feger, Friedhelm Neidhardt: Gruppenprozesse (= Analysen zum Terrorismus 3). Opladen: Westdeutscher Verlag, S. 394–433.

Gunaratna, Rohan; Hussin, Sabariah M. (2018): International Case Studies of Terrorist Rehabilitation. Milton: Routledge.

Gunnison, Elaine; Mazerolle, Paul (2007): Desistance from Serious and Not So Serious Crime: A Comparison of Psychosocial Risk Factors. In: Criminal Justice Studies 20 (3), S. 231–253. DOI: https://doi.org/10.1080/14786010701617649.

Hallett, Michael; McCoy, J. Stephen (2015): Religiously Motivated Desistance: An Exploratory Study. In: International journal of offender therapy and comparative criminology 59 (8), S. 855–872. DOI: https://doi.org/10.1177/0306624X14522112.

Hansen, Stig Jarle (2020): Concepts and Practices. A brief history of disengagement and deradicalization. In: Stig Jarle Hansen/Stian Lid (Hg.): Routledge Handbook of Deradicalisation and Disengagement. London.

Hansen, Stig Jarle; Lid, Stian (Hg.) (2020): Routledge Handbook of Deradicalisation and Disengagement. London.

Harris, K. J.; Gringart, E.; Drake, D. (2017): Leaving ideological groups behind: A model of disengagement. In: Behavioral Sciences of Terrorism and Political Aggression 10 (2), S. 91–109. DOI: https://doi.org/10.1080/19434472.2017.1299782.

Hettiarachchi, Malkanthi (2018): Rehabilitation to deradicalise detainees and inmates: a counter-terrorism strategy. In: Journal of Policing, Intelligence and Counter Terrorism 13 (2), S. 267–283. DOI: https://doi.org/10.1080/18335330.2018.1476774.

Hohnstein, Sally; Greuel, Frank; Glaser, Michaela (2015): Einstiege verhindern, Ausstiege begleiten. Pädagogische Ansätze und Erfahrungen im Handlungsfeld Rechtsextremismus, Halle.

Horgan, John (2003): Leaving Terrorism Behind: An Individual Perspective. In: Andrew Silke (Hg.): Terrorists, Victims and Society. Chichester, UK: John Wiley & Sons Ltd, S. 109–130.

Horgan, John (2008a): Deradicalization or Disengagement? A Process in Need of Clarity and a Counterterrorism Initiative in Need of Evaluation. In: Perspectives on Terrorism (4), S. 3–8.

Horgan, John (2008b): From Profiles to Pathways and Roots to Routes: Perspectives from Psychology on Radicalization into Terrorism. In: The ANNALS of the American Academy of Political and Social Science 618 (1), S. 80–94. DOI: https://doi.org/10.1177/000271 6208317539.

Horgan, John (2009): Walking away from terrorism: accounts of disengagement from radical and extremist movements. London/New York: Routledge.

Horgan, John; Altier, Mary Beth; Shortland, Neil; Taylor, Max (2016): Walking away: the disengagement and de-radicalization of a violent right-wing extremist. In: Behavioral Sciences of Terrorism and Political Aggression 9 (2), S. 63–77. DOI: https://doi.org/10.1080/19434472.2016.1156722.

Horgan, John; Braddock, Kurt (2010): Rehabilitating the Terrorists? Challenges in Assessing the Effectiveness of De-radicalization Programs. In: Terrorism and Political Violence 22 (2), S. 267–291. DOI: https://doi.org/10.1080/09546551003594748.

Jensen, Michael; Patrick James; Elizabeth Yates (2019): Profiles of Individual Radicalization in the United States—Desistance, Disengagement, and Deradicalization (PIRUS-D3). Online: https://www.start.umd.edu/pubs/START_PIRUS_DesistanceDisengagementDeradicalization_July2019

Kargl, Gloriett/Buschbom, Jan (2020): Destruktive Gruppen. Ausstiege aus destruktiven Gruppen. Berlin.

Karstedt-Henke, Susanne (1980): Theorien zur Erklärung terroristischer Bewegungen. In: Erhard Blankenburg (Hg.): Politik der inneren Sicherheit. Frankfurt/M., S. 169–237.

Kay, Christopher; Monaghan, Mark (2019): Rethinking recovery and desistance processes: developing a social identity model of transition. In: Addiction Research & Theory 27 (1), S. 47–54. DOI: https://doi.org/10.1080/16066359.2018.1539479.

Köhler, Daniel (2016): Deradikalisierung als Methode. In: Wolfgang Frindte, Daniel Geschke, Nicole Haußecker, Franziska Schmidtke (Hg.): Rechtsextremismus und „Nationalsozialistischer Untergrund". Wiesbaden: Springer Fachmedien Wiesbaden, S. 425–441.

Köhler, Daniel (2017): Understanding deradicalization. Methods, tools and programs for countering violent extremism. London, New York: Routledge.

Korn, Judy; Weilnböck, Harald (2013): Der lange Abschied von Hass und Gewalt. Online: https://www.bpb.de/apuz/164926/der-lange-abschied-von-hass-und-gewalt (9. Juli 2013).

Kruglanski, Arie W.; Gelfand, Michele J.; Bélanger, Jocelyn J.; Sheveland, Anna; Hetiarachchi, Malkanthi; Gunaratna, Rohan (2014): The Psychology of Radicalization and Deradicalization: How Significance Quest Impacts Violent Extremism. In: Political Psychology 35, S. 69–93. DOI: https://doi.org/10.1111/pops.12163.

Kruglanski, Arie W.; Webber, David; Koehler, Daniel (2020): The Radical's Journey. How German Neo-Nazis Voyaged to the Edge and Back, Oxford: Oxford University Press.

LaFree, Gary; Miller, Erin (2008): Desistance from terrorism: What can we learn from criminology? In: Dynamics of Asymmetric Conflict 1 (3), S. 203–230. DOI: https://doi.org/10.1080/17467580902718130.

Laub, J. H.; Sampson, R. J. (2001). Understanding desistance from crime (Vol. 28). Chicago.

Logvinov, Michail (2021): Deradikalisierungsforschung. Kritische Bilanz und Implikationen. In: Emser, Corinna; Miguel Müller, Nelia; Rupp, Teresa; Wielopolski-Kasaku,

Alexandra (Hg.): Schnitt:stellen: Erkenntnisse aus Forschung und Beratungspraxis im Phänomenbereich islamistischer Extremismus (Beiträge zu Migration und Integration, Bd. 9). Nürnberg: Bundesamt für Migration und Flüchtlinge.

Lösel, Friedrich; Bender, Doris; Jugl, Irina; King, Sonja (2020): Resilience against Political and Religious Extremism, Radicalization, and Related Violence: A Systematic Review of Studies on Protective Factors. In: David Weisburd, Ernesto U. Savona, Badi Hasisi, Francesco Calderoni (Hg.): Understanding Recruitment to Organized Crime and Terrorism. Cham: Springer International Publishing, S. 55–84.

Lum, Cynthia; Kennedy, Leslie W.; Sherley, Alison (2007): Are counter-terrorism strategies effective? The results of the Campbell systematic review on counter-terrorism evaluation research. In: Journal of Experimental Criminology 2 (4), S. 489–516. DOI: https://doi.org/10.1007/s11292-006-9020-y.

Malthaner, Stefan (2005): Terroristische Bewegungen und ihre Bezugsgruppen. Anvisierte Sympathisanten und tatsächliche Unterstützer, in: Peter Waldmann (Hrsg.): Determinanten des Terrorismus, Weilerswist, S. 85–138.

Mansour, Ahmad (2019): Wirkungsvolle Ansätze zur Prävention und Deradikalisierung islamistisch gefährdeter bzw. islamistischer Personen. Online: https://www.bpb.de/politik/extremismus/islamismus/286582/wirkungsvolle-ansaetze-zur-praevention-und-deradikalisierung (18. März 2019).

Maruna, Shadd; Farrall, Stephen: Desistance from Crime (2003): A Theoretical Reformulation. In: Friedrichs, Mayer et al. (Hg.): Soziologie der Kriminalität, Bd. 43, S. 171–194.

Mattsson, Christer; Johansson, Thomas (2019): Life Trajectories Into and Out of Contemporary Neo-Nazism. Becoming and Unbecoming the Hateful Other. London.

McCauley, C. R./Segal, M. E. (1989). Terrorist individuals and terrorist groups: The normal psychology of extreme behavior. In J. Groebel, J. H. Goldstein (Hg.): Series of psychobiology. Terrorism: Psychological perspectives, S. 39–64.

McNeill, Fergus (2006): A desistance paradigm for offender management. In: Criminology & Criminal Justice 6 (1), S. 39–62. DOI: https://doi.org/10.1177/1748895806060666.

Merkel, Reinhard (2018): Willensfreiheit, Schuld und Strafe – Zusammenhänge, Grundlagen, Grenzen. In: Friedhelm Schmidt-Quernheim, Thomas Hax-Schoppenhorst (Hg.): Praxisbuch Forensische Psychiatrie. Behandlung und ambulante Nachsorge im Maßregelvollzug. Bern, Hogrefe Verlag, S. 77–92.

Moghadam, Assaf (2012): Failure and Disengagement in the Red Army Faction. In: Studies in Conflict & Terrorism 35 (2), S. 156–181. DOI: https://doi.org/10.1080/1057610X.2012.639062.

Möller, Kurt (2016): Warum und wie steigen Rechtsextreme aus? Online: https://www.bpb.de/politik/extremismus/rechtsextremismus/236552/warum-und-wie-aussteigen (1. November 2016).

Möller, Kurt; Schuhmacher, Nils (2007): Rechte Glatzen. Rechtsextreme Orientierungs- und Szenezusammenhänge; Einstiegs-, Verbleibs- und Ausstiegsprozesse von Skinheads. Wiesbaden: Springer VS.

Möller, Kurt; Wesche, Stefan (2014) Distanzierungen von rechtsextremen Haltungen. Zur Funktion staatlicher Aussteigerprogramme. In: Peter Rieker (Hg.): Hilfe zum Ausstieg? Ansätze und Erfahrungen professioneller Angebote zum Ausstieg aus rechtsextremen Szenen. Weinheim/Basel: Beltz Juventa, S. 20–44.

Moussa Nabo, Mitra; Nehlsen, Inga; Wistuba, Frederike W. (2020): Wissenschaftliche Begleitung und Evaluation des Präventionsprojekts spiel.raum: Zwischenbericht, Bonn.
Mücke, Thomas (2016): Pädagogische Ansätze zur Deradikalisierung im Bereich des religiös begründeten Extremismus. Online: https://www.bpb.de/politik/extremismus/radika lisierungspraevention/218879/paedagogische-ansaetze-zur-deradikalisierung (18. Januar 2016).
Mullins, Sam (2010): Rehabilitation of Islamist terrorists: Lessons from criminology. In: Dynamics of Asymmetric Conflict 3 (3), S. 162–193. DOI: https://doi.org/10.1080/174 67586.2010.528438.
Neumann, Peter (2013): Radikalisierung, Deradikalisierung und Extremismus. In: Aus Politik und Zeitgeschichte, 63 (29–31), S. 3–10.
Noricks, Darcy M. E. (2009): Disengagement and Deradicalization: Processes and Programs. In: Paul K. Davis; Kim Cragin (Hg.): Social Science for Counterterrorism: Putting the Pieces Together. Santa Monica: RAND Corporation, S. 299–321. DOI: https://doi.org/ https://doi.org/10.7249/MG849.
Nugent, Briege; Schinkel, Marguerite (2016): The pains of desistance. In: Criminology & Criminal Justice 16 (5), S. 568–584. DOI: https://doi.org/10.1177/1748895816634812.
Paternoster, Ray; Bushway, Shawn (2009): Desistance and the Feared Self: Toward an Identity Theory of Criminal Desistance. In: Journal of Criminal Law & Criminology 99 (4), S. 1103–1156.
Pisoiu, Daniela/Köhler, Daniel (2013): Individuelle Loslösung von Radikalisierungsprozessen. Stand der Forschung und eine Überprüfung bestehender Theorien anhand eines Ausstiegsfalls aus dem militanten Salafismus. In: Journal EXIT-Deutschland. Zeitschrift für Deradikalisierung und demokratische Kultur. Online: https://journals.sfu.ca/jed/index. php/jex/article/view/33 (08. April 2020).
Pyrooz, David C.; Decker, Scott H. (2011): Motives and methods for leaving the gang: Understanding the process of gang desistance. In: Journal of Criminal Justice 39 (5), S. 417–425. DOI: https://doi.org/10.1016/j.jcrimjus.2011.07.001.
Pyrooz, David C.; Decker, Scott H.; Webb, Vincent J. (2014): The Ties That Bind. In: Crime & Delinquency 60 (4), S. 491–516. DOI: https://doi.org/10.1177/0011128710372191.
Rabasa, Angel; Stacie L. Pettyjohn; Jeremy J. Ghez; Christopher Boucek (2010): Deradicalizing Islamist extremists. Santa Monica.
Reinares, Fernando (2011): Exit From Terrorism: A Qualitative Empirical Study on Disengagement and Deradicalization Among Members of ETA. In: Terrorism and Political Violence 23 (5), S. 780–803. DOI: https://doi.org/10.1080/09546553.2011.613307.
Richards, Julian (2017). Extremism, Radicalization and Security. Buckingham.
Rieker, Peter (2014): Die Einbeziehung von Familien in die Ausstiegshilfe. In: Peter Rieker (Hg.): Hilfe zum Ausstieg? Ansätze und Erfahrungen professioneller Angebote zum Ausstieg aus rechtsextremen Szenen. Weinheim/Basel: Beltz Juventa, S. 204–226.
Rieker, Peter; Humm, Jakob; Zahradnik, Franz (2016): Einleitung: Desistance als konzeptioneller Rahmen für die Untersuchung von Reintegrationsprozessen. In: Soziale Probleme 27 (2), S. 147–154. DOI: https://doi.org/10.1007/s41059-016-0020-5.
Riley, John; Pearson, Kristin; Schneider, Mary Kate; Stimeling, Lindsey (2017): Escaping the LRA: Examining the Decision to Disengage from Militarized Dissident Groups. In: African Security 10 (2), S. 80–102. DOI: https://doi.org/10.1080/19392206.2017.130 5859.

Riley, John; Schneider, Mary Kate (2020): The Disengagement Puzzle: An Examination of the Calculus to Exit a Rebellion. In: Terrorism and Political Violence, DOI: https://doi.org/10.1080/09546553.2020.1830068.

Roman, Caterina G.; Decker, Scott H.; Pyrooz, David C. (2017): Leveraging the pushes and pulls of gang disengagement to improve gang intervention: findings from three multi-site studies and a review of relevant gang programs. In: Journal of Crime and Justice 40 (3), S. 316–336. DOI: https://doi.org/10.1080/0735648X.2017.1345096.

Rommelspacher, Birgit (2006): „Der Hass hat uns geeint". Junge Rechtsextreme und ihr Ausstieg aus der Szene. Frankfurt/Main, New York: Campus Verlag.

Rosa, Hartmut (2016): Resonanz. Eine Soziologie der Weltbeziehung. Suhrkamp, Frankfurt/Main 2016.

Rusbult, Caryl E. (1983): A longitudinal test of the investment model. The development (and deterioration) of satisfaction and commitment in heterosexual involvements. In: Journal of Personality and Social Psychology, 45, S. 101–117.

Sageman, Marc (2008): Leaderless Jihad. Philadelphia: University of Pennsylvania Press.

Sageman, Marc (2017): Turning to political violence. The emergence of terrorism. Philadelphia: University of Pennsylvania Press.

Said, Hamed el; Harrigan, Jane (2013): Deradicalizing violent extremists. Counter-radicalisation and deradicalization programmes and their impact in muslim majority states. London: Routledge.

Sampson, R. J., & Laub, J. H. (1993): Crime in the making: Pathways and turning points through life. London, England: Harvard University Press.

Schmid, Alex P. (2013): Radicalisation, De-Radicalisation, Counter-Radicalisation: A Conceptual Discussion and Literature Review. The International Centre for Counter-Terrorism – The Hague 4, no. 2.

Schmidtchen, Gerhard (1981): Terroristische Karrieren. Soziologische Analyse anhand von Fahndungsunterlagen und Prozeßakten. In: Herbert Jäger, Gerhard Schmidtchen, Lieselotte Süllwold: Lebenslaufanalysen (= Analysen zum Terrorismus 2). Opladen: Westdeutscher Verlag, S. 14–79.

Schneckener, Ulrich (2006): Transnationaler Terrorismus. Frankfurt/M.

Schuurman, Bart; Bakker, Edwin (2016): Reintegrating jihadist extremists: evaluating a Dutch initiative, 2013–2014. In: Behavioral Sciences of Terrorism and Political Aggression 8 (1), S. 66–85. DOI: https://doi.org/10.1080/19434472.2015.1100648.

Schwedler, Jillian (2011): Can Islamists Become Moderates? Rethinking the Inclusion-Moderation Hypothesis. In: World Pol. 63 (2), S. 347–376. DOI: https://doi.org/10.1017/S0043887111000050.

Shover, Neal (1983): The Later Stages of Ordinary Property Offender Careers. In: Social Problems 31 (2), S. 208–218. DOI: https://doi.org/10.2307/800212.

Sigl, Johanna: (2018): Biografische Wandlungen ehemals organisierter Rechtsextremer. Springer VS, Wiesbaden.

Silke, Andrew (2011): The psychology of counter-terrorism. Abingdon, Oxon, England, New York: Routledge.

Silke, Andrew (Hg.) (2003): Terrorists, Victims and Society. Chichester, UK: John Wiley & Sons Ltd.

Silke, Andrew (Hg.) (2011): The Psychology of Counter-Terrorism, London: Routledge.

Sold, Manjana (2020): Radikalisierung und Deradikalisierung. Online: https://www.bpb. de/lernen/projekte/reflect-your-past/313952/radikalisierung-und-deradikalisierung (11. August 2020).
Stahelski, Anthony (2005): Terrorists Are Made, Not Born: Creating Terrorists Using Social Psychological Conditioning. In: Cultic Studies Review 4 (1), S. 30–40.
Steiner, Kristian; Önnerfors, Andreas (Hg.) (2018): Expressions of Radicalization. Cham: Springer International Publishing.
Stephens, William; Sieckelinck, Stijn; Boutellier, Hans (2021): Preventing Violent Extremism: A Review of the Literature. In: Studies in Conflict and Terrorism, 44:4, S. 346–361. DOI:https://doi.org/10.1080/1057610X.2018.1543144
Swann, William B. Jr.; Gómez, Ángel; Seyle, D. Conor; Morales, J. Francisco; Huici, Carmen (2009): Identity fusion: The interplay of personal and social identities in extreme group behavior. In: Journal of Personality and Social Psychology, 96 (5), S. 995–1011.
Sweeten, Gary; Pyrooz, David C.; Piquero, Alex R. (2013): Disengaging From Gangs and Desistance From Crime. In: Justice Quarterly 30 (3), S. 469–500. DOI: https://doi.org/10.1080/07418825.2012.723033.
Taylor, Max; Horgan, John (2006): A Conceptual Framework for Addressing Psychological Process in the Development of the Terrorist. In: Terrorism and Political Violence 18 (4), S. 585–601. DOI: https://doi.org/10.1080/09546550600897413.
Thornberry, Terence P. (2009): Gangs and Delinquency in Developmental Perspective: Cambridge University Press.
Tonks, Sarah; Stephenson, Zoe (2019): Disengagement from street gangs: a systematic review of the literature. In: Psychiatry, Psychology and Law 26 (1), S. 21–49. DOI: https://doi.org/10.1080/13218719.2018.1482574.
Urban, Johannes (2006): Die Bekämpfung des Internationalen Islamistischen Terrorismus. Wiesbaden.
Van der Heide, L.; Huurman, R. (2016). Suburban bliss or disillusionment: Why do terrorists Quit? Online: https://journals.sfu.ca/jd/index.php/jd/article/view/64/59 (13. Mai 2020).
Van Wetering, Denis de; Zick, Andreas (Hg.) (2018): Soziale Formen von Gruppendruck und Einflussnahme auf Ausstiegswillige der „rechten Szene". Eine qualitative Studie zur Bestimmung ausstiegshemmender Faktoren. Wiesbaden: Bundeskriminalamt (Polizei + Forschung, Band 52).
Vidino, Lorenzo (2013): Deradikalisierung durch gezielte Interventionen. Online: https://www.bpb.de/apuz/164924/deradikalisierung-durch-gezielte-interventionen (9. September 2013).
Wacquant, Loic J. D. (1990): Review Essay: Exiting Roles or Exiting Role Theory? Critical Notes on Ebaugh's Becoming an Ex. In: Acta Sociologica 33 (4), S. 397–404. DOI: https://doi.org/10.1177/000169939003300410.
Wagner, Bernd (2020): Die personale Radikalitätsmetamorphose. In: Journal EXIT-Deutschland. Zeitschrift für Deradikalisierung und demokratische Kultur. Online: https://journal-exit.de/radikalita%CC%88tsmetamorphose/ (21. August 2020).
Waldmann, Peter (2009): Radikalisierung in der Diaspora, Hamburg.
Weaver, Beth (2019): Understanding desistance: a critical review of theories of desistance. In: Psychology, Crime & Law 25 (6), S. 641–658. DOI: https://doi.org/10.1080/1068316X.2018.1560444.

Weerman, Frank M.; Lovegrove, Peter J.; Thornberry, Terence (2015): Gang membership transitions and its consequences: Exploring changes related to joining and leaving gangs in two countries. In: European Journal of Criminology 12 (1), S. 70–91. DOI: https://doi.org/10.1177/1477370814539070.

Weisburd, David; Savona, Ernesto U.; Hasisi, Badi; Calderoni, Francesco (Hg.) (2020): Understanding Recruitment to Organized Crime and Terrorism. Wiesbaden: Springer International Publishing.

Williams, Michael J.; Horgan, John G.; Evans, William P. (2016): The critical role of friends in networks for countering violent extremism: toward a theory of vicarious help-seeking. In: Behavioral Sciences of Terrorism and Political Aggression 8 (1), S. 45–65. DOI: https://doi.org/10.1080/19434472.2015.1101147.

Windisch, Steven; Ligon, Gina Scott; Simi, Pete (2019): Organizational [Dis]trust: Comparing Disengagement Among Former Left-Wing and Right-Wing Violent Extremists. In: Studies in Conflict and Terrorism, (42) 6, S. 559–580. DOI: https://doi.org/10.1080/1057610X.2017.1404000.

The manufacturer's authorised representative in the EU is Springer Nature Customer Service Centre GmbH, Europaplatz 3, 69115 Heidelberg, Germany. If you have any concerns regarding our products, please contact ProductSafety@springernature.com

Printed and bound by CPI Group (UK) Ltd, Croydon, CR0 4YY

25/03/2026

02078196-0007